高等职业教育水利类新形态一体化教材

水质监测与分析评价
（活页式）

主　编　赵婷婷　唐　璐
副主编　马瑞君　熊彩云　杨　琳

中国水利水电出版社
www.waterpub.com.cn
·北京·

内 容 提 要

本书立足水质监测,突出实用性和专业性,紧跟标准规范,以需求和问题为导向编写而成。本书在介绍水质监测目标任务的基础上,对水质监测与分析评价工作中所需的实验安全知识、玻璃仪器的使用、水样采集及保存、现场监测、水质指标的分析检测、数据处理、水质评价等各项技能做了详细介绍,理论联系实际,突出实践操作,方便读者自学和实操。

本书可作为大中专院校水环境智能监测与治理、智能水务管理、水生态修复技术、水土保持技术、环境监测技术、环境工程技术、生态保护技术等相关专业的理论实践一体化教材,也可作为相关检测机构的辅导材料。

图书在版编目(CIP)数据

水质监测与分析评价：活页式 / 赵婷婷，唐璐主编.
北京 : 中国水利水电出版社, 2025. 3. -- (高等职业教育水利类新形态一体化教材). -- ISBN 978-7-5226-3258-2

Ⅰ. X832

中国国家版本馆CIP数据核字第20258RM345号

书 名	高等职业教育水利类新形态一体化教材 **水质监测与分析评价(活页式)** SHUIZHI JIANCE YU FENXI PINGJIA (HUOYESHI)
作 者	主 编 赵婷婷 唐 璐 副主编 马瑞君 熊彩云 杨 琳
出版发行	中国水利水电出版社 (北京市海淀区玉渊潭南路1号D座 100038) 网址：www.waterpub.com.cn E-mail：sales@mwr.gov.cn 电话：(010) 68545888 (营销中心)
经 售	北京科水图书销售有限公司 电话：(010) 68545874、63202643 全国各地新华书店和相关出版物销售网点
排 版	中国水利水电出版社微机排版中心
印 刷	清淞永业(天津)印刷有限公司
规 格	184mm×260mm 16开本 13印张 308千字
版 次	2025年3月第1版 2025年3月第1次印刷
印 数	0001—2000册
定 价	**49.00元**

凡购买我社图书,如有缺页、倒页、脱页的,本社营销中心负责调换
版权所有·侵权必究

前言

水是万物之母、生存之本、文明之源，是人类以及所有生物存在的生命资源。随着我国经济社会不断发展，水资源短缺、水生态损害、水环境污染等问题越发凸显。党的二十大报告指出，中国式现代化是人与自然和谐共生的现代化。"必须牢固树立和践行绿水青山就是金山银山的理念"，"推进美丽中国建设，坚持山水林田湖草沙一体化保护和系统治理，统筹产业结构调整、污染治理、生态保护、应对气候变化，协同推进降碳、减污、扩绿、增长，推进生态优先、节约集约、绿色低碳发展"。水质监测是治理水环境、改善水生态、利用水资源的基础，因此科学开展水质监测，客观反映水质状况显得至关重要。

本书结合最新的规范标准，紧跟新污染物治理、"双碳"目标等，设置了22项代表性水质指标的分析任务，融入"1+X"水环境监测与治理职业技能等级证书考核内容及全国生态环境监测技能竞赛中部分水质监测内容，将水质监测的各项技能有机融入教材，理论联系实际，突出实践操作，方便读者自学和实操，具有较强的实用性和可操作性。

本书作者有来自从事教学、实践、科研的具有扎实的理论基础和教学经验的一线教师；也有来自从事水质监测与治理、水生态修复的具有丰富实践经验的一线工作人员。本书体现知识技能服务生产的理念，紧密联系行业，严格依据各项规范标准，基础知识简明扼要，实操项目简洁易懂，便于操作。

本书在编写过程中，引用了国家及行业标准规范，参考了大量专业文献资料，书中引用的文献资料并未一一注明，谨在此对引用文献的作者表示诚挚的敬意和谢意。

由于作者水平有限，书中难免存在缺点和疏漏，恳请广大读者批评指正。

编者

2024年2月

"行水云课"数字教材使用说明

  "行水云课"水利职业教育服务平台是中国水利水电出版社立足水电、整合行业优质资源全力打造的"内容"＋"平台"的一体化数字教学产品。平台包含高等教育、职业教育、职工教育、专题培训、行水讲堂五大版块，旨在提供一套与传统教学紧密衔接、可扩展、智能化的学习教育解决方案。

  本套教材是整合传统纸质教材内容和富媒体数字资源的新型教材，它将大量图片、音频、视频、3D动画等教学素材与纸质教材内容相结合，用以辅助教学。读者可通过扫描纸质教材二维码查看与纸质内容相对应的知识点多媒体资源，完整数字教材及其配套数字资源可通过移动终端App、"行水云课"微信公众号或中国水利水电出版社"行水云课"平台查看。

多媒体知识点索引

序号	资源名称	资源类型	页码
1.1	滴定管试漏	视频	7
1.2	移液管的移液	视频	9
1.3	容量瓶试漏	视频	10
1.4	玻璃仪器的常规洗涤	视频	13
1.5	玻璃仪器的干燥	视频	13
2.1	地表水样品的采集	视频	24
2.2	溶解氧样品的固定	视频	25
2.3	现场监测——以便携式水质多参数测定仪测定 pH 溶解氧和电导率为例	视频	31
3.1	分析天平的称量	视频	34
3.2	紫外可见分光光度计的使用	视频	45
3.3	水质水中悬浮物的测定（上）	视频	50
3.4	水质水中悬浮物的测定（下）	视频	50
3.5	高锰酸盐指数的测定（氧化还原滴定法）（上）	视频	62
3.6	高锰酸盐指数的测定（氧化还原滴定法）（下）	视频	62
3.7	水质总硬度的测定（EDTA滴定法）（上）	视频	72
3.8	水质总硬度的测定（EDTA滴定法）（下）	视频	72
3.9	水质总磷的测定——钼酸铵分光光度法（上）	视频	88
3.10	水质总磷的测定——钼酸铵分光光度法（下）	视频	88
3.11	水质氨氮的测定——纳氏试剂分光光度法（上）	视频	96
3.12	水质氨氮的测定——纳氏试剂分光光度法（下）	视频	97
3.13	水质无机阴离子的测定（氟化物、氯化物、硫酸盐、硝酸盐氮、亚硝酸盐氮）——离子色谱法（上）	视频	104
3.14	水质无机阴离子的测定（氟化物、氯化物、硫酸盐、硝酸盐氮、亚硝酸盐氮）——离子色谱法（下）	视频	104
3.15	原子吸收分光光度法测定样品的镉、铜、铅、锌、铁、锰（上）	视频	109
3.16	原子吸收分光光度法测定样品的镉、铜、铅、锌、铁、锰（下）	视频	111

目 录

前言
"行水云课"数字教材使用说明
多媒体知识点索引

绪论 ··· 1
    任务一　水质监测的目标任务 ·· 1
    任务二　水质监测与分析评价的学习要求 ··· 3

项目一　实验室常识简介 ··· 5
    任务一　实验安全知识及常见意外事故的处理办法 ··· 5
    任务二　玻璃仪器的使用 ·· 7
    任务三　玻璃仪器的洗涤干燥 ·· 13
    任务四　废物处理 ·· 15

项目二　样品采集与现场监测 ··· 21
    任务一　水样采集 ·· 21
    任务二　水样保存与预处理 ·· 27
    任务三　现场监测 ·· 31

项目三　水质监测实验 ·· 33
    任务一　分析天平的称量 ·· 33
    任务二　标准溶液的配制和标定 ·· 37
    任务三　水质色度的测定 ·· 41
    任务四　水质浊度的测定——分光光度法 ·· 45
    任务五　水质悬浮物的测定——重量法 ·· 49
    任务六　水质溶解氧的测定——碘量法 ·· 53
    任务七　水质化学需氧量的测定——重铬酸盐法 ··· 57
    任务八　高锰酸盐指数的测定——氧化还原滴定法 ··· 61
    任务九　水质五日生化需氧量（BOD_5）的测定——稀释与接种法 ····························· 65
    任务十　水中总硬度的测定——EDTA 滴定法 ·· 71
    任务十一　水中碱度（总碱度、重碳酸盐和碳酸盐）——酸碱滴定法 ························· 75
    任务十二　水中硫化物的测定——分光光度法 ·· 79
    任务十三　水质总氮的测定——碱性过硫酸钾消解紫外分光光度法 ···························· 83

任务十四　水质总磷的测定——钼酸铵分光光度法 ·· 87
  任务十五　水质六价铬的测定——二苯碳酰二肼分光光度法 ··································· 91
  任务十六　水质氨氮的测定——纳氏试剂分光光度法 ·· 95
  任务十七　水质挥发酚的测定——4-氨基安替比林分光光度法 ································ 99
  任务十八　水质无机阴离子（氟化物、氯化物、硫酸盐、硝酸盐氮）的测定
　　　　　——离子色谱法 ·· 103
  任务十九　水中镉、铜、铅、锌、铁、锰的测定——原子吸收分光光度法 ············· 107
  任务二十　水中汞、砷、硒的测定——原子荧光法 ··· 113
  任务二十一　水中三氯甲烷的测定——气相色谱法 ··· 119
  任务二十二　水质石油类的测定——紫外分光光度法 ·· 123
  任务二十三　水质总有机碳的测定——燃烧氧化-非分散红外吸收法 ····················· 127
  任务二十四　粪大肠菌群的测定——多管发酵法 ·· 131

项目四　数据处理与水质评价 ··· 135
  任务一　数据处理 ··· 135
  任务二　误差分析 ··· 141
  任务三　质量控制 ··· 149
  任务四　水质评价 ··· 155

附录 ··· 161
  附录一　《地表水环境质量标准》（GB 3838—2002）（节选） ································ 161
  附录二　《生活饮用水卫生标准》（GB 5749—2022）（节选） ································ 165
  附录三　《地下水质量标准》（GB/T 14848—2017）（节选） ·································· 171
  附录四　《污水综合排放标准》（GB 8978—1996）（节选） ···································· 176
  附录五　国标原子量表 ··· 187
  附录六　常用酸碱溶液的密度和浓度 ··· 188
  附录七　《水质 粪大肠菌群的测定 多管发酵法》（HJ 347.2—2018）方法附录
　　　　　（资料性附录） ·· 189
  附录八　常见危险化学品目录 ·· 193
  附录九　实验报告（样表） ·· 194

参考文献 ··· 195

绪 论

水质监测与分析评价是水质监测、水环境监测、环境监测等课程的重要部分，是与课堂理论教学相配合的重要实践性教学环节。通过样品采集、水质分析、数据处理、水质评价等完成对水质指标的闭环分析评价，不仅可以让学生将理论知识运用到实践中来，同时还可以使学生掌握水质监测与评价的技术与方法，加强学生对各项水质指标的感性认识，为将来在工作岗位上从事专业工作打下坚实基础。学生通过具体水质指标分析的实验操作提升专业技能和实操技能，有利于培养独立从事水质分析工作的能力。

任务一 水质监测的目标任务

一、水体污染和水质指标

（一）水体污染

水体在一定程度上具有自净能力，即自然降低污染物浓度的能力，当外来杂质及污染物超过水体的自净能力时，水质就会恶化，对人类环境和水的利用产生不良影响。水体因某种物质的介入，而导致其化学、物理、生物或放射性等方面特征改变，从而影响水的有效利用，危害人体健康或者破坏生态环境，造成水质恶化的现象称为水体污染。

水体污染大致可分为自然污染和人为污染两种。火山喷发、岩石风化水解、大气降尘等为自然污染。生活污水和工业废水、农业生产使用的化肥农药及核污水所造成的污染为人为污染。人类因素造成的水体污染占大多数。

常见的水体污染物有酸碱盐等无机物、重金属、需氧有机污染物、植物营养物、放射性污染物等。

（二）水质指标和水质标准

1. 水质指标

水质指标是衡量水中杂质的标度，能具体表示出水中杂质或污染物的种类和数量，是判断水污染程度的具体衡量尺度，是综合评价水体质量并对水质进行界定分类的重要参数。

水质指标种类繁多，可达百种以上。其中，有些水质指标就是水中某一种或某一类杂质的含量，直接用其浓度来表示，如汞、铬、硫酸根、六六六等的含量；有些水质指标是利用某一类杂质的共同特性来间接反映其含量，如用耗氧量、化学需氧量、生化需氧量等指标来间接表示有机污染物的种类和数量；有些水质指标是与测定方法有关的，带有人为性，如浊度、色度等是以按规定配制的标准溶液作为衡量尺度的。

水质指标可分为物理指标、化学指标、微生物指标、放射性指标四大类。

（1）物理指标：反映水的物理性质的一类指标统称物理指标。常用的物理指标有温度、浊度、色度、臭和味、固体含量、电导率等。

（2）化学指标：反映水的化学成分和特性的一类指标统称化学指标。常用的化学指标有以下几种类型。

1）表示水中离子含量的指标：如硬度表示钙镁离子的含量，pH 值反映氢离子的浓度等。

2）表示水中溶解气体含量的指标：如二氧化碳、溶解氧等。

3）表示水中有机物含量的指标：如耗氧量、化学需氧量、生化需氧量、总需氧量、总有机碳、含氮化合物等。

4）表示水中有毒物质含量的指标：有毒物质分两类，一类是无机有毒物，如汞、铅、铜、锌、铬等重金属离子和砷、硒、氰化物等非金属有毒物；另一类是有机有毒物，如酚类化合物、农药、三氯甲烷、PFOS（全氟辛烷磺酸）类、PFOA（全氟辛酸）类、抗生素等。

（3）微生物指标：反映水中微生物的种类和数量的一类指标统称微生物指标。常用的微生物指标有细菌总数、总大肠菌群数等。

（4）放射性指标：主要包括总 α 放射性、总 β 放射性。

浊度、碱度、酸度、硬度、悬浮物（SS）、矿化度、溶解氧（DO）、化学需氧量（COD）、高锰酸盐指数（I_{Mn}）、生化需氧量（BOD）、细菌总数、总大肠菌群数等是常见的水质指标。

2. 水质标准

水质标准是国家、部门或地区规定的各种用水或排放水在物理、化学、生物学性质方面所应达到的要求，对一些水质指标作出的定量规范。水质标准是环境标准的一种，是水质监测与评价的重要依据，如：《地表水环境质量标准》（GB 3838—2002）（附录一）、《生活饮用水卫生标准》（GB 5749—2022）（附录二）、《地下水质量标准》（GB/T 14848—2017）（附录三）、《污水综合排放标准》（GB 8978—1996）（附录四）。

二、水质监测的目的、主要内容

我国普遍存在水资源短缺、水生态损害、水环境污染等问题，要牢固树立和践行绿水青山就是金山银山的理念，推进美丽中国建设，坚持山水林田湖草沙一体化保护和系统治理，就必须开展水质监测。

水质监测是根据规范标准对水体中的代表性指标进行测定分析，从而确定水质状况及变化趋势，为治理水环境、改善水生态、利用水资源提供基础数据。

水质监测的主要内容包括现场调查资料收集、确定监测项目（代表性水质指标）、站网布设、样品采集及保存、样品分析测试、数据处理、结果评价等。本书主要介绍水质监测实验相关的样品采集及保存、样品分析测试、数据处理、结果评价。

任务二　水质监测与分析评价的学习要求

一、学习要求

水质监测与分析评价的学习要求为：1（质量及安全为前提，某一指标的采样、水样分析测试、数据处理及评价）+N（多种指标分析评价）。

具体要求为：学完本门课程，在保证质量和安全的前提下，至少掌握常规水样的采集与保存技能，任意一种水质指标的分析测试技能及数据处理、水质评价技能（1），由此学生能独立完成某一项代表性水质指标的闭环检测。在此基础上，鼓励学生掌握多种水质指标（N）的分析测试及评价方法，为走上相应工作岗位奠定基础。

注意，以"1+N"形式开展水质监测与分析评价学习，必须保证质量和安全，秉承安全第一的原则，按照规范标准，科学严谨地开展分析测试工作，严禁违规操作，确保人身及实验室安全，养成良好的实验习惯。如果没有质量和安全作为前提，之后的采样、测样、数据处理都将失去意义。

二、实训过程

(一) 实验准备

(1) 熟悉相应的规范标准，弄清实验目的、基本原理及操作要求，熟悉实验流程。

(2) 选择实验所需的仪器设备，检查是否经过检定并在有效期内，是否洁净完好，是否在正常状态。如否，则进行相应的送检、清洗、调试等操作。

(3) 准备实验所需的试剂。

(二) 实验操作

进入实验室，必须穿戴个人防护装备，包括但不限于实验服、手套、口罩、护目镜等。按照规范标准科学有序地开展实验，同时客观详尽地将原始数据记录到项目三的实验记录表中。

(三) 数据处理与实验报告

实验完成后，需要及时进行数据处理，撰写并提交实验报告。对原始数据进行整理分析，可以及时发现问题，判断实验结果是否客观准确，不得更改、伪造原始数据。实验报告是对整个实验的全面总结，要求实验报告字迹清楚、填写准确、计算科学。数据处理参照项目四开展，实验报告按照附录九的样表进行撰写。

项目一

实验室常识简介

任务一 实验安全知识及常见意外事故的处理办法

一、实验安全守则

在水质分析实验中,会遇到有腐蚀性、易燃、易爆、有毒的各类化学试剂(附录八),常常会使用易碰损的玻璃器皿、各种电器设备及可燃性气体(如乙炔等)。为了保证实验人员的人身安全及实验操作的正常运行,需要特别注意实验室安全,防止中毒、化学灼伤和割伤,注意防火防爆。

(1) 所用药品、试剂都应有标签,杜绝在容器内装入与标签不符的药品。

(2) 实验室内严禁饮食、吸烟,绝不可用烧杯当茶具使用。严禁试剂入口,严禁以鼻直接接近瓶口进行鉴别。如需鉴别,应将试剂瓶口远离鼻子,以手轻轻扇动,稍闻即止。

(3) 开启易挥发液体试剂或处理有毒的气体及有毒有机溶剂,瓶口不要对人,在通风橱中进行。

(4) 稀释硫酸(H_2SO_4)时,应将硫酸慢慢注入盛有水的烧杯等耐热容器中,并且边搅边倒,溶液温度过高,应等冷却后再继续加入,切不可将水倒入硫酸中。溶解氢氧化钠(NaOH)、氢氧化钾(KOH),大量放热,也必须在耐热的容器中进行。浓酸和浓碱必须在各自稀释后再进行中和。

(5) 取用腐蚀性药品,如强酸、强碱、浓氨水、浓过氧化氢、氢氟酸等,戴上手套和护目镜。装过强腐蚀性、可燃性、有毒或易燃易爆物品的器皿,操作者应随时洗净。

(6) 对易燃溶剂加热,必须在水浴中或严密的电热板上缓慢进行,注意避免明火。加热后的器皿应放在隔热材料上,不能随意放置。

(7) 将玻璃棒、玻璃管、温度计等插入或拔出胶塞、胶管时,均应垫棉布,不可强行操作,以免折断伤人。不可将温度计作为搅拌棒使用。

(8) 开启高压瓶应缓慢,不得将出口对人。

(9) 使用剧毒药品时,应征得指导老师的允许,并在实验辅导老师在场的情况下取用药品。

(10) 应遵守用电规程,切记不可用湿手或湿物等接触电闸和电器开关。

（11）化学实验室应备有急救药品、消防器材和个人防护器材。

（12）实验室要保持干净、整洁，配有废液缸，实验完毕要仔细洗手。离开实验室前，应认真检查水、电、门、窗及可燃气阀是否已关好，确保安全。

二、常见意外事故的应急处理办法

（一）酸碱接触

如果酸碱不小心碰到皮肤，采取的常见措施有：

（1）干布擦拭。首先，使用干布将皮肤上残余的酸碱类溶液擦干，避免继续与皮肤接触。

（2）用水冲洗。将局部的酸碱溶液擦干后，立即使用大量的清水进行冲洗，也可以用实验室常备的应急喷淋设施进行喷淋。如果条件允许，可以使用肥皂水冲洗，以进一步中和酸碱物质。冲洗时间应持续至少15min，确保酸碱物质被充分冲洗掉。

（3）冷敷。如果皮肤出现红肿、疼痛等症状，可以使用冰袋进行冷敷，有助于收缩局部的毛细血管，减轻疼痛和红肿。

（4）使用药物。如果接触了大量的酸性物质，可以使用碳酸氢钠溶液、氨溶液来湿敷，以起到中和的作用。如果接触了大量的碱性物质，可以使用硼酸溶液、醋酸溶液等进行湿敷。如果皮肤出现了破损或溃烂的情况，需要在医生的指导下使用医用碘伏、医用酒精等进行消毒处理，并配合使用适当的药膏或药物来抑制感染和促进皮肤修复。

（5）如果酸碱接触导致的症状严重或持续加重，应及时就医，以获取专业的治疗和建议。在处理过程中，务必保持冷静，遵循正确的处理步骤，以最大限度地减轻酸碱对皮肤的损伤。

（二）烫伤、割伤

如果被烫伤、割伤，注意切勿使伤口与化学试剂接触，轻者在实验室急救包扎处理，严重者应立即送往医院治疗。

（三）着火、爆炸

如果发生着火、爆炸等事故，应在保证人身安全的前提下，切断电源、气源，并及时进行扑救。小面积着火时，一般的可用湿抹布扑灭，特殊的如有机溶剂着火可用砂子扑灭；大面积着火时，要用干冰或干粉灭火器扑灭，并及时向指导老师及有关部门报告。

任务二 玻璃仪器的使用

实验室所用到的玻璃仪器种类很多,各种不同专业的实验室还会用到一些特殊的玻璃仪器。一些常用的玻璃仪器有烧杯、三角烧瓶(锥形瓶)、量筒、量杯、容量瓶、碘量瓶、滴定管、移液管、比色管、称量瓶、试剂瓶、漏斗、分液漏斗、抽滤瓶、干燥器等。不能将玻璃容器用于含有氢氟酸和浓磷酸的实验,不能用玻璃容器长期存放碱液。

水质监测实验中常用到滴定管、移液管、容量瓶等玻璃仪器。下面简要介绍操作注意事项。

一、滴定管的使用

滴定管分为酸式滴定管和碱式滴定管,常见的规格有 10、25、50、100mL 等。酸式滴定管的下端装有玻璃活塞,用来盛放酸性或具有氧化性的溶液(如高锰酸钾、硝酸银等溶液),不适宜装碱性溶液,若装碱性溶液,玻璃活塞容易被腐蚀而难以转动。碱式滴定管的下端用乳胶管连接一个小玻璃管,乳胶管内有一玻璃珠,用以控制溶液的流出。碱式滴定管用来装碱性溶液和无氧化性溶液。有些需要避光的溶液(如硝酸银、高锰酸钾溶液)应采用棕色滴定管。

滴定管的使用注意事项包括:洗涤,试漏、涂油,排气泡,滴定,终点读数等。

(一)洗涤

对无明显油污的干净滴定管,可直接用自来水冲洗或用滴定管刷蘸洗涤剂(但不能用去污粉)刷洗,再用自来水冲洗。刷洗时要注意,不用刷头露出铁丝的毛刷,以免划伤滴定管内壁。如有明显油污,则需用洗液浸洗。洗涤时向管内倒入 10mL 左右铬酸洗液(碱式滴定管将乳胶管内玻璃珠向上挤压封住管口或将乳胶管换成乳胶滴头),再将滴定管逐渐向管口倾斜,并不断旋转,使管壁与洗液充分接触,管口对着废液缸,以防洗液洒出。若油污较重,可装满洗液浸泡,浸泡时间的长短视沾污情况而定。洗毕,洗液应倒回洗液瓶中,洗涤后应用大量自来水润洗,并不断转动滴定管,至流出的水无色,再用蒸馏水润洗三遍,洗净后的管内外壁应均匀地润上一层水膜而不挂水珠。

(二)试漏、涂油

1.1 滴定管试漏【视频】

滴定管在使用前必须检查是否漏水。滴定管洗净后,先检查旋塞转动是否灵活、是否漏水。先关闭旋塞,将蒸馏水加至滴定管 0 刻度线附近,用滤纸在旋塞周围和管尖处检查。然后将旋塞旋转 180°,直立静置 2min,再用滤纸检查。如酸式滴定管漏水或活塞转动不灵,则应重新涂抹凡士林。涂油方法是:将滴定管平放于实验台上,取下活塞,用吸水纸擦净或拭干活塞及活塞套,在活塞两侧涂上薄薄一层凡士林,再将活塞平行插入活塞套中,单方向转动活塞,直至活塞转动灵活且外观为均匀透明状态。用橡皮圈套在活塞小头一端的凹槽上,固定活塞,以防止其滑落打碎。如碱式滴定管漏水,应先检查橡胶管是否老化、玻璃珠是否大小适当,若有问题,应及时更换。

如遇凡士林堵塞了尖嘴玻璃小孔,可将滴定管装满水,用洗耳球鼓气加压,或将尖嘴浸入热水中,再用洗耳球鼓气,便可以将凡士林排出。

(三) 排气泡

洗净后的滴定管装液前,应先用待装溶液润洗内壁3次。装入溶液的滴定管,应检查出口下端是否有气泡,如有应及时排除,方法是:对酸式滴定管,取下滴定管,倾斜成30°角,迅速打开活塞(反复多次),使溶液冲出并带走气泡;对碱式滴定管,将管体竖直,捏住玻璃珠,使橡胶管弯曲,管尖斜向上约45°角,挤压玻璃珠处胶管,使溶液冲出,以排除气泡。

(四) 滴定

洗净后的滴定管装液前,应先用待装溶液润洗内壁3次。滴定最好在锥形瓶中进行,必要时也可在烧杯中进行。滴定操作是左手进行滴定,右手摇瓶。

酸式滴定管操作方法如图1-1所示,左手的拇指在管前,食指和中指在管后,手指略微弯曲,轻轻向内扣住活塞。手心空握,以免活塞松动或顶出活塞使溶液从活塞隙缝中渗出。滴定时转动活塞,控制溶液流出速度,要求做到:①逐滴放出;②只放出1滴;③半滴滴加:使溶液呈悬而未滴的状态,用锥形瓶内壁接触移液管管口的液滴,然后用蒸馏水冲下。

碱式滴定管操作方法如图1-2所示,左手的拇指在前,食指在后,捏住胶管中玻璃珠所在部位稍上处,捏挤胶管使其与玻璃珠之间形成一条缝隙,溶液即可流出。但注意不能捏挤玻璃珠下方的胶管,否则空气进入而形成气泡。

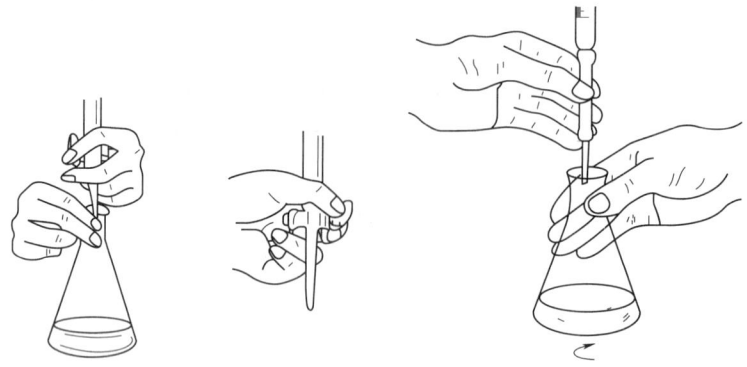

图1-1 酸式滴定管操作方法　　图1-2 碱式滴定管操作方法

滴定时,先记下滴定管液面的初读数,最好每次都从0.00mL开始。

滴定时,应使滴定管尖嘴部分插入锥形瓶口(或烧杯口)下1~2cm处,嘴尖与锥形瓶无接触。滴定速度以每秒6~8滴为宜,切不可呈线性流下。边滴边摇,手腕用力使瓶底沿顺时针方向画圆,溶液在锥形瓶中均匀旋转,溶液不能有跳动。临近终点时,应1滴或半滴地加入,眼睛始终注视锥形瓶内溶液颜色变化而非滴定管读数。

（五）终点读数

当锥形瓶内指示剂指示终点（颜色变化）时，立刻停止滴定。蒸馏水淋洗锥形瓶内壁，溶液颜色 30s～1min 不变色，可进行读数。读数必须准确到 0.01mL。

读数前，滴定管应垂直静置 1min。取下滴定管，右手执管上部无溶液部分，使管垂直，目光与液面平齐。对于无色溶液或浅色溶液，读数时视线应与弯月面下缘实线的最低点相切。对于深色溶液，则一律按液面两侧最高点相切处读取。

二、移液管的使用

移液管是用来准确移取一定体积溶液的量器，准确度与滴定管相当。移液管有两种：一种中部具有"胖肚"结构，无分刻度，两端细长，只有环形标线，"胖肚"上标有指定温度下的容积，常见的规格为 1、2、5、10、25、50、100mL 等；另一种是有分刻度的直型玻璃管，又称吸量管或分度吸量管，管的上端标有指定温度下的总体积，吸量管的容积有 1、2、5、10mL 等，可用来吸取不同容积的溶液，一般只量取小体积的溶液，其准确度比"胖肚"移液管稍差。移液管和吸量管一般不放在烘箱中烘干。移液管和吸量管的使用包括洗涤、润洗、移液等。

（一）洗涤

当选择好所需规格的移液管后，应当检查仪器完好性，主要检查上、下端是否有破损，然后进行清洗。洗涤时，先用适当规格的移液管刷，用自来水清洗，若有油污可用洗液洗涤。其方法是吸入 1/3 容积铬酸洗液，平放并转动移液管，使洗液润洗内壁，洗毕将洗液倒回原铬酸洗液瓶，稍后用自来水冲洗，再用蒸馏水清洗 2～3 次备用。

（二）润洗

洗净后的移液管，在移液前必须用吸水纸吸净尖端内、外的残留水，然后用待取液润洗 2～3 次，以防改变溶液的浓度。洗涤时，当溶液吸至移液管 1/4 处，即可封口取出。应注意勿使溶液回流，以免稀释溶液。润洗后将溶液从下端放出到废液缸中。

（三）移液

右手的拇指与中指拿住润洗好的移液管标线以上部分，将移液管插入待取溶液的液面下 1～2cm 处，不要插入太深，以免外壁沾带溶液过多或吸起沉渣；也不要插入太浅，以免液面下降时吸空。左手拿洗耳球，排出空气后紧按在移液管口，逐步松开洗耳球，借吸力使液面慢慢上升，移液管应随待吸溶液液面的下降而向液面下移动，以吸取溶液，如图 1-3 所示。当液面升至标线以上时，先拿掉洗耳球，立即用右手的食指（食指最好是潮而不湿）堵上管口，再将

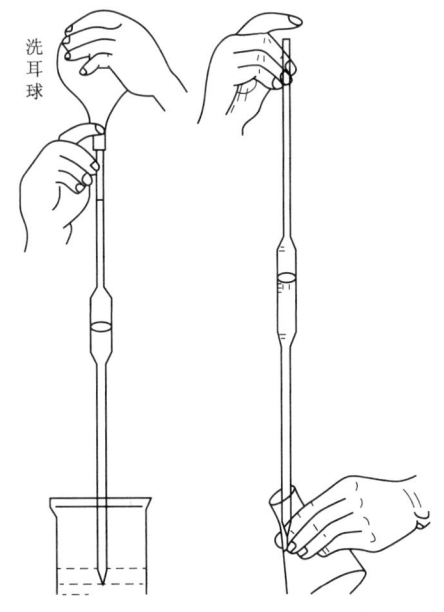

图 1-3 移液管的使用

1.2 移液管的移液【视频】

移液管提出液面,倾斜容器,稍待片刻,以除去管外壁的溶液,然后使移液管保持垂直,微微松动食指,并用拇指和中指慢慢转动移液管,使液面缓慢下降,直到溶液的弯液面与标线相切,立即用食指按紧管口,使液体不再流出。小心把移液管移入接收溶液的容器,使其流液口接触倾斜约30°的器壁,松开食指,让溶液自由流下,当溶液流尽后,再等待15s,并将移液管向左右转动一下,取出移液管。注意,除标有"吹"字样移液管外,不要把残留在管尖的液体吹出,因为在校准移液管容积时,没有算上这部分液体。

三、容量瓶的使用

在准确配制标准溶液或将溶液稀释至一定浓度时,要使用容量瓶。它是一种细长颈、梨形的平底玻璃瓶,瓶口带有磨口玻璃塞或塑料塞,瓶颈上刻有环形标线,瓶体标有体积,一般表示20℃时液体充满至刻度时的容积。一种规格的容量瓶只能量取一个量,常见的有10、50、100、250、500、1000mL等各种规格,此外还有1、2、5mL的小容量瓶,但使用较少。容量瓶的使用包括试漏、洗涤、配制溶液和稀释溶液等。

(一) 试漏

1.3 容量瓶试漏【视频】

使用容量瓶前,必须检查瓶口是否漏水。检查时加自来水近刻度线,盖好瓶塞用左手食指按住瓶塞,同时用右手五指托住容量瓶底边沿,如图1-4所示,将瓶倒立(瓶口朝下)停留10s,观察容量瓶口是否漏水。如不漏水,将瓶直立,把瓶塞旋转180°,再次倒立,检查是否漏水。若两次操作,容量瓶瓶塞周围皆无水漏出,则表明容量瓶不漏水。经检查不漏水的容量瓶才能使用。

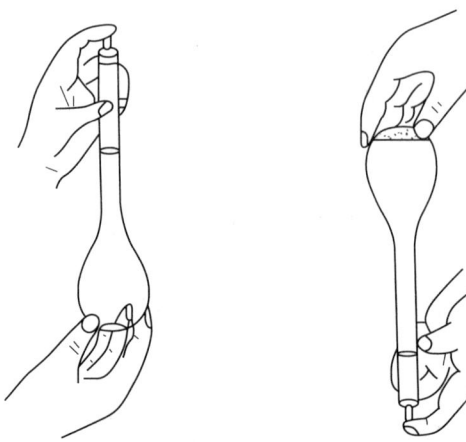

图1-4 容量瓶试漏

(二) 洗涤

可先用自来水冲洗,洗后,如内壁有油污,则应倒尽残水,加入适量的铬酸洗液(如250mL规格的容量瓶可倒入10~20mL洗液),盖好瓶塞,倾斜转动,使洗液充分润洗内壁,把铬酸洗液再倒回原洗液瓶中,用自来水将容量瓶内洗液冲洗干净后,再用蒸馏水润洗2~3次备用。

(三) 配制溶液

将准确称量好的药品倒入干净的小烧杯中,加入少量溶剂将其完全溶解后再转移至容量瓶中。注意,如使用非水溶剂,则小烧杯及容量瓶都应事先用该溶剂润洗 2～3 次。转移定量时,右手持玻璃棒悬空放入容量瓶内,玻璃棒下端靠在瓶颈内壁(但不能与瓶口接触),左手拿烧杯,烧杯嘴紧靠玻璃棒,使溶液沿玻璃棒流入瓶内沿壁而下,如图 1-5 所示。烧杯中溶液流完后,将烧杯嘴沿玻璃棒向上提 1～2cm,同时使烧杯直立。将玻璃棒取出迅速放入烧杯内,用少量溶剂冲洗玻璃棒和烧杯内壁,同样转移到容量瓶中。如此重复操作 3 次以上。此时容量瓶内溶液的体积不应超过其总体积的 1/3。然后向容量瓶中补充溶剂,当溶液体积至总体积的 3/4 左右时,可初步平摇混匀。再继续加溶剂至近标线下 1cm 时静置 1min,最后改用胶头滴管逐滴加入溶剂,直到溶液的弯液面恰好与标线相切。若为热溶液应冷至室温后,再加溶剂至标线。盖上瓶塞,进行容量瓶的定容,将容量瓶倒置,待气泡上升至瓶底部,再把容量瓶倒转过来,待气泡上升到瓶颈顶部,如此反复 10 次以上,使溶液充分混匀。

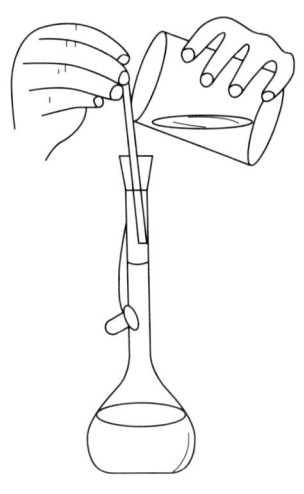

图 1-5 溶液转入容量瓶

(四) 稀释溶液

用移液管移取一定体积的浓溶液于容量瓶中,加溶剂至容量瓶体积 3/4 左右时,初步平摇混匀,再继续加溶剂至近标线下 5mm 时静置 1min,最后改用胶头滴管逐滴加入溶剂,直到溶液的弯液面恰好与标线相切,充分颠倒混匀即可。

(五) 注意事项

(1) 容量瓶不宜长期储存试剂,配好的溶液需要长期保存时,应转入试剂瓶中。转移前要用该溶液润洗试剂瓶 3 遍。

(2) 用过的容量瓶,应立即用水洗净备用。如长期不用容量瓶,要把容量瓶磨口和瓶塞擦干,用纸片将其隔开。

(3) 容量瓶不能在电炉、烘箱中烘烤,如必须干燥,可先用 C_2H_5OH 等有机物润洗后,再用电吹风或烘干机的冷风吹干。

四、思考与讨论

(1) 滴定管、容量瓶如何试漏?

(2) 滴定的正确操作是什么?

(3) 使用移液管、容量瓶的注意事项分别是什么?

任务三　玻璃仪器的洗涤干燥

水质监测实验中，洗净玻璃仪器是一项十分重要的准备工作。玻璃仪器洗涤不符合要求将直接影响测定结果的准确度和精密度。下面介绍一般定量分析中玻璃仪器的洗涤方法。

一、玻璃仪器的洗涤

（1）常规洗涤法：一般的玻璃仪器，先用自来水冲洗除去灰尘后，用毛刷蘸取肥皂液、洗涤剂等，仔细刷净内外表面，尤其应注意容器磨砂部分。必要时可将洗液温热或将玻璃仪器在其中短时间浸泡，然后用自来水冲洗3～5次，将洗涤的仪器倒置，玻璃仪器壁配套上不应挂有水珠，再用蒸馏水充分润湿2～3次，即可使用。若有水珠附着在玻璃仪器壁上，必须重新洗涤。

（2）不便刷洗的玻璃仪器的洗涤法：度量仪器（如容量瓶、刻度吸管等）和形状特殊的仪器，不能用毛刷刷洗，应先用自来水冲洗，沥干，根据污垢的性质选择不同的洗涤液进行浸泡，再按常规洗涤方法用水冲净。

1.4 玻璃仪器的常规洗涤【视频】

（3）特殊清洁要求的器皿洗涤：某些实验对玻璃仪器洗涤有特殊的清洁要求。如比色皿盛有机物后，要用有机溶剂洗涤，必要时可用硝酸浸洗。用酸浸后，先用水冲净，再用蒸馏水洗净晾干。若急用，可先控干大部分水分后，再用无水乙醇或丙酮洗涤除尽残存水分，晾干即可。

注意：①仪器用后应立即清洗，以免放置一段时间后不好清洗，造成测定误差；②用刷子刷洗玻璃仪器时，不能用力过猛，防止擦洗的容器内壁粗糙，影响测定结果或以后更难清洗；③新启用的硬质玻璃瓶和聚乙烯塑料瓶，先用硝酸溶液（1+1）浸泡24h，再选用不同的洗涤方法清洗；④铬酸洗液因毒性较大尽可能不用，近年来多以合成洗涤剂和有机溶剂来除去油污，但有时仍要用到铬酸洗液。

二、玻璃仪器的干燥

做实验经常用到的玻璃仪器应在实验完毕后清洗干净备用。不同的实验，对玻璃仪器的干燥有不同的要求，通常实验中用的烧杯、锥形瓶等洗净后即可使用，而用于有机化学实验或有机分析的玻璃仪器，则在洗净后必须进行干燥。

（1）晾干。不急用的玻璃仪器，可在蒸馏水润洗后倒置在无尘处，自然干燥。倒置可以防止灰尘落入，但要注意放稳仪器以防损毁。**玻璃量器一般不进行烘干，选择晾干。**

1.5 玻璃仪器的干燥【视频】

（2）烘干。洗净的玻璃仪器放在带鼓风机的电热恒温干燥箱内烘干，在105～120℃保温约1h。称量瓶等烘干后要放在干燥器中冷却保存。组合玻璃仪器需要分开后烘干，以免因膨胀系数不同而烘裂。砂芯玻璃滤器及厚壁玻璃仪器烘干时须慢慢升温且温度不可过高，以免烘裂。注意玻璃仪器干燥时，应先将其中的蒸馏水尽量倒干，放置时应平放或使仪器口朝上，带塞的瓶子应打开瓶塞，如果能将仪器放平在托盘里则更好。

（3）烤干。试管能直接用火烤，但管口必须朝下倾斜，以免水珠倒流引起炸裂。火焰先从试管底部开始，缓慢向下移至管口，如此反复烘烤，直到不见水珠，再将管口朝上，把水汽烘干净。烧杯或蒸发皿（先将外壁水珠擦去）可置于石棉网上用小火烤干。

（4）吹干。一种方法是体积小又急需干燥的玻璃仪器，可用电吹风机吹干。先将少量乙醇、丙酮（或乙醚）倒入仪器中将其润湿，倒净溶剂后，再用电吹风机吹，开始用冷风，然后用热风把玻璃仪器吹干。另一种方法是将洗净的仪器直接放在玻璃仪器气流干燥器上进行干燥。

任务四　废　物　处　理

实验室需要排放的废水、废气、废渣称为实验室"三废"。各类实验由于测定项目不同,产生的三废中所含化学物质的毒性和数量也不同,为了保证实验人员的健康及防止环境污染,实验室三废排放应遵守国家的环保法律法规。

学校应建设化学废弃物储存站并规范管理。实验室应设立化学废弃物暂存区,同时规范收集化学废弃物。化学废弃物的转运必须合规。

(1) 暂存区应远离火源、热源和不相容物质,避免日晒、雨淋,存放两种及以上不相容的实验室危险废物时,应分不同区域。暂存区应有警示标志并有防遗洒、防渗漏设施或措施。

(2) 废弃的化学试剂应存放在原试剂瓶中,保留原标签,并瓶口朝上放入专用固废箱中。

(3) 针头等利器需放入利器盒中收集。

(4) 废液应分类装入专用废液桶中,液面不超过容量的3/4。废液桶须满足耐腐蚀、抗溶剂、耐挤压、抗冲击的要求。

(5) 实验室危险废物收集容器上应粘贴危险废物信息标签、警示标志。

(6) 严禁将实验室危险废物直接排入下水道,严禁与生活垃圾、感染性废物或放射性废物等混装。

(7) 委托有危险废物处置资质的专业厂家集中处置化学废弃物,查看协议。

(8) 建立危险废物管理台账,如实记录有关信息,包括种类、产生量、流向、储存、处置等有关资料。

一、废气处理

实验室的少量废气一般可由通风装置直接排至室外,排气管必须高于附近屋顶3m,毒性大的气体可参考工业废气处理办法,用吸附、吸收、氧化、分解等方法处理后排放。

长期吸入汞蒸气会造成慢性中毒,为减少汞液面蒸发,可以在汞液面上覆盖化学液体,甘油效果最好。对于溅落的汞,应尽量捡拾起来,颗粒直径大于1mm的汞可用以吸气球或真空泵抽吸的捡汞器捡起来。吸附在墙壁、地板及设备表面的汞可以用加热熏碘法除去,按每平方米0.5g碘加热熏蒸,或下班前关闭门窗,任其自然升华,次日移去。此法的原理是使汞蒸气与碘蒸气生成难挥发的碘化汞,沉降后再用水清除。但碘对金属和仪器有腐蚀性,应对金属和仪器加以保护。

另外,也可用紫外灯除汞,紫外辐射激发产生的臭氧可使分散在物体表面和缝隙中的汞氧化为不溶性的氧化汞。紫外灯(市售品常为30W、220V)的安装方法与一般荧光灯相同,可以利用无人的非工作时间辐照。

二、废液处理

实验室废液的排放参照《污水综合排放标准》(GB 8978—1996),不能高于最高允许排放浓度,具体处理方法见表1-1。

表 1-1　　　　　　　常见废液处理方法

序号	分类	废液	处理方法	注意事项
1	无机废液	含 Ag^+、Al^{3+}、As^{3+}、Bi^{3+}、Ca^{2+}、Cd^{2+}、Co^{2+}、Cr^{3+}、Cu^{2+}、Fe^{3+}、Fe^{2+}、Mn^{2+}、Ni^{2+}、Pb^{2+}、Sb^{3+}、Zn^{2+} 等重金属的废液	加入碱或硫化物，使废液中的重金属离子变成难溶性的氢氧化物或硫化物沉淀，然后再通过过滤除去含重金属的沉淀	①若 pH 值过高，两性金属沉淀会发生溶解〔如 $Cr(OH)_3$ 沉淀〕，一定要注意其最适宜 pH 值；②若废液中同时含有两种以上重金属，要注意它们形成沉淀时溶液的 pH 值也不相同
2		含汞废液	调节废液 pH 值至 8～9，然后加入过量的 Na_2S，生成 HgS 沉淀。再加入 $FeSO_4$（共沉淀剂），与过量的 S^{2-} 生成 FeS 沉淀，与悬浮在水中难以沉淀的 HgS 微粒吸附共沉淀。然后静置、分离，再经离心、过滤，滤液中含汞量降至 0.05mg/L 以下即可排放	
3		含铬废液	先氧化还原，再利用氢氧化物沉淀法处理：在酸性条件下（废液中加入硫酸，充分搅拌，调溶液 pH 值在 3 以下）加入还原剂（如 $FeSO_4$、$NaHSO_3$ 等），然后加入碱〔如 NaOH、$Ca(OH)_2$、Na_2CO_3 等〕，调节溶液 pH 值至 8～9，使 Cr^{3+} 形成低毒性的 $Cr(OH)_3$ 沉淀，清液可直接排放，沉淀经脱水干燥后可综合利用	
4		含砷废液	向废液中加入石灰乳，调溶液 pH 值至 8～10，使砷生成砷酸钙或亚砷酸钙，然后加入 $FeCl_3$，生成 $Fe(OH)_3$ 起共沉淀作用，可除去悬浮在溶液中的砷；或将含砷废水 pH 值调到 10 以上，加入 Na_2S，与砷反应生成难溶、低毒性的硫化物沉淀	
5		含锰废液	含锰离子废液可以与碱、碳酸盐及硫化物反应生成相应的 $Mn(OH)_2$、$MnCO_3$ 及 MnS 沉淀，过滤后除去沉淀，滤液可直接排放	
6		含钡废液	在废液中加入 Na_2SO_4 溶液，过滤掉生成的沉淀物 $BaSO_4$ 后，滤液即可进行排放	
7		含银废液	含银的废液实验室产生的量相对较少，一般常用沉淀法处理，即加入硫化物或 NaCl、HCl（调 pH 值至 1～2），产生 Ag_2S 或 AgCl 沉淀，过滤去除回收	
8		含铅废液	用石灰乳 $Ca(OH)_2$ 做沉淀剂，调节溶液 pH 值大于 11，使 Pb^{2+} 生成 $Pb(OH)_2$ 沉淀，再加入 $Al_2(SO_4)_3$ 作为凝聚剂，将 pH 值调至 7～8，使 $Pb(OH)_2$ 与 $Al(OH)_3$ 共沉淀，最后分离除去沉淀	

续表

序号	分类	废液	处理方法	注意事项
9	无机废液	含氰化物废液	含氰量高的废液：酸化回收法，用 H_2SO_4 或 SO_2 将含氰废液的 pH 值调至 2.8~3，此时金属氰络合物便分解生成 HCN；鼓入空气使 HCN 挥发逸出（HCN 的沸点仅为 25.6℃）；用 NaOH 或 $Ca(OH)_2$ 溶液吸收，达到回收利用的目的。 含氰量低的废液：碱氯法，用含氯氧化剂 [NaClO、$Ca(ClO)_2$] 将氰化物分解为 N_2 和 CO_2 达到无害排放	
10		含氟化物废液	含氟量高的废液：向废液中加入石灰乳，至废液完全变为碱性，充分搅拌，静置一夜后过滤，除去 CaF_2 沉淀。滤液作含碱废液处理。 含氟量低的废液：利用吸附法。将装有氟吸附剂的设备放入含氟废液中，使氟离子通过与固体介质进行离子交换或化学反应，最终吸附在吸附剂上而被除去。为保证处理效果，废液 pH 值一般控制在 5 左右，吸附温度不能太高	
11		含无机卤化物废液（含 $AlBr_3$、$AlCl_3$、$FeCl_3$ 等无机类卤化物）	可将其放入大号蒸发皿中，撒上 1:1 的高岭土、碳酸钠混合物，充分混合后，喷洒 1:1 的氨水，至没有 NH_4Cl 白烟放出。静置过夜后，滤去沉淀。滤液中若无重金属离子，则用大量水稀释滤液，即可排放	
12		纳氏试剂	先将废液的 pH 值调节至 8~10，然后加入适量的硫化钠和硫酸亚铁，使其完全反应。静置 12h 以上，使废液中的有害物质完全沉淀。最后，对清液进行排放，剩余的残渣经过焙烧后可回收汞。这样处理后的废液就不会对环境造成二次污染	纳氏试剂中含有有毒的汞元素，因此在处理过程中要小心操作，避免皮肤接触并及时清洗。同时，处理废液时不需要使用高纯度的试剂，四级品实验试剂即可满足要求
13	有机废液	三氯甲烷（氯仿）废液	（1）取水洗过的废液 500mL 置于 1L 分液漏斗中，加入 50mL 浓硫酸，摇荡几分钟，静置分层后弃去下层硫酸，重复该操作至摇荡过的硫酸层无色。 （2）用重蒸馏水洗涤三氯甲烷 2 次，每次用水 200mL。再用 0.5% 盐酸羟胺 50mL 溶液洗涤 2~3 次后，用重蒸馏水洗 2 次，将洗好的三氯甲烷用无水氯化钙脱水，干燥并蒸馏 2 次，收集沸程为 60~62℃ 的馏出液	所有处理过的废液，需要分类存放在指定的废液桶内

续表

序号	分类	废液	处理方法	注意事项
14	有机废液	乙醚废液	(1) 将乙醚废液用水洗涤1次，中和，用 0.5% $KMnO_4$ 洗至紫色不褪，再用水洗，然后用 0.5%～1%硫酸亚铁铵溶液洗涤，除去过氧化物。 (2) 用纯水洗涤乙醚2次，弃去水层，用无水 $CaCl_2$ 干燥，放置过夜，过滤，蒸馏	所有处理过的废液，需要分类存放在指定的废液桶内
15		乙酸乙酯废液	将废液放在分液漏斗中用水洗涤几次，然后用 $Na_2S_2O_3$ 稀溶液洗涤使之褪色，再用纯水洗涤几次，除去水层，加入无水 K_2CO_3 脱水，放置几天，过滤、蒸馏	
16		二甲苯废液	将废液用无水 $CaCl_2$ 干燥后，直接蒸馏回收，收集 136～141℃馏出液	
17		甲醇、乙醇及醋酸等的有机废液	甲醇、乙醇及醋酸溶剂能被细菌作用而分解，处理这类溶剂需用水进行稀溶	
18		含N、S及卤素类有机废液	对其可燃性物质用焚烧法处理，但必须采取措施除去由燃烧而产生的有害气体（如 SO_2、HCl、NO_2 等），如在焚烧炉中装有洗涤器	
19		酚类物质的废液（苯酚、甲酚、萘酚等废液）	(1) 浓度大的可燃性物质，可用焚烧法处理。 (2) 浓度低的废液可加入次氯酸钠或漂白粉煮后，使酚转化成邻苯二酚、邻苯二醌、顺丁烯二酸，作为一般有机废液处理	

废液也可以分别收集进行处理：①无机酸类，将废酸慢慢倒入过量的含碳酸钠或氢氧化钙的水溶液中或用废碱中和，中和后用大量水冲洗；②氢氧化钠、氨水，用 6mol/L 盐酸水溶液中和，用大量水冲洗；③含汞、砷、锑、铋等离子的废液，控制酸度为 0.3mol/L[H^+]，使其生成硫化物沉淀；④含氰废液，加入氢氧化钠使 pH≥10，加入过量的高锰酸（3%）溶液，使 CN^- 氧化分解，如 CN^- 含量高，可加入过量的次氯酸钠或漂白粉溶液；⑤含氟废液，加入石灰使其生成氟化钙沉淀；⑥可燃性有机物，用焚烧法处理，焚烧炉的设计要确保安全、保证充分燃烧，如有有毒气体产生应设洗涤器，不易燃烧的可先用废易燃溶剂稀释。

以下废液不能混合：①过氧化物与有机物；②氰化物、硫化物、次氯酸盐与酸；③盐酸、氢氟酸等挥发性酸与不挥发性酸；④浓硫酸、磺酸、羟基酸、聚磷酸等酸类与其他酸；⑤铁盐、挥发性胺与碱。

三、固体废弃物处理

废弃的有害固体药品严禁倒在生活垃圾处，必须经处理解毒后丢弃。实验室固体废弃物常见处理方法见表1-2。

表 1-2　　　　　　　　　　　　实验室固体废弃物常见处理方法

序号	分类	废弃物	处理方法	注意事项
1	化学固体废弃物	碱金属（氢化物、氨化物、钠屑）	悬浮在干燥的四氢呋喃中，搅拌下慢慢加乙醇或异丙醇至不再放出氢气、澄清，再慢慢倒入落地通风柜内相应的废液桶	凡是有毒性、腐蚀性、强氧化性、强还原性、自燃性、恶臭的物质及其溶液，以及易爆、易燃物质均为危险品，这些物质都不能直接丢弃在垃圾桶或倒入水槽中。一旦用完要及时处理，不可久置，因为一旦久置后由其他人来处理，他人在不知道试剂类型的情况下，极易产生危险
2		硼氢化钠（钾）	用甲醇溶解后，以水充分稀释，再加酸并放置。此时有剧毒、易自燃、易灼伤皮肤的硼烷产生，故所有操作必须在通风橱内进行，其废液用碱中和后倒入落地通风柜内相应的废液桶	
3		三氯氧磷、五氯化磷、五氧化二磷	在搅拌下加到大量冰水中（不能加反），再用碱中和，倒入落地通风柜内相应的废液桶	
4		重金属及其盐类	使其形成难溶的沉淀（如碳酸盐、氢氧化物、硫化物等），封装	
5		氢化铝锂	将它悬浮在干燥的四氢呋喃中，小心滴加乙酸乙酯，如反应剧烈，应适当冷却，再加水至氢气不再释放，废液用稀HCl中和后倒入落地通风柜内相应的废液桶	
6		汞	尽量收集泼散的汞粒，并将废汞回收	
7		有机锂化物	溶于四氢呋喃中，慢慢加入乙醇至不再有氢气放出，然后加水稀释，最后加稀HCl至溶液变清，倒入落地通风柜内相应的废液桶	
8		钾	一小粒一小粒加到干燥的叔丁醇中，再小心加入无甲醇的乙醇，搅拌，促使其全溶，用稀酸中和后倒入落地通风柜内相应的废液桶	
9		钠	小块分次加入无水乙醇或异丙醇中，待其溶解至澄清，用稀HCl中和后倒入落地通风柜内相应的废液桶	
10	其他固体废弃物	非锐器类实验耗材（如手套、口罩、塑料试管、细胞培养瓶、培养皿、离心管、枪头等）	若未接触过感染性物质，则装入黑色垃圾袋，按照生活垃圾分类丢弃，由物业人员定期处理。若接触过感染性物质，则先进行消毒灭菌（高压灭菌处理，温度121.3℃，压力15磅，时间30min），再装入黄色垃圾袋，打包好，暂存于实验室生物废弃物桶内（易腐败废弃物先冷冻储存），等待统一回收交由有资质的公司进行无害化处置	
11		锐器类实验耗材（如针头、刀片、注射器、解剖刀、缝合针等）	装入锐器盒，暂存于实验室内，等待统一回收交由有资质的公司进行无害化处置（若接触过感染性物质需要提前消毒灭菌）	
12		空试剂瓶	（1）确保瓶内无试剂残留，减少资源浪费和降低处置难度。 （2）玻璃与塑料分开，有色与无色分开。 （3）采用25kg带内袋的编织袋包装，并封口，每个编织袋须贴好标识标签	

项目二

样品采集与现场监测

本书主要以河流、湖泊、水库等地表水的水质采样和监测展开。

任务一 水 样 采 集

一、监测断面布设

(一) 总体原则

(1) 能客观、真实反映自然变化趋势与人类活动对水环境质量的影响状况。

(2) 具有较好的代表性、完整性、可比性和长期观测的连续性,并兼顾实际采样的可行性和方便性。

(3) 充分考虑河段内取水口和排污口分布、支流汇入及水利工程等影响河流水文情势变化的因素。

(4) 应考虑水文测流断面,以便利用其水文参数,实现水质监测与水量监测的结合。

(5) 避开死水区、回水区、排污口,选择河段较为顺直、河床稳定、水流平稳、水面宽阔、无浅滩位置。

(6) 监测断面的设置数量,应考虑人类活动影响,通过优化以最少的监测断面、垂线和监测点位获取具有充分代表性的监测数据,以便了解污染物时空分布和变化规律。

(7) 流域(水系)可布设背景断面、控制断面、消减断面和河口断面。

(8) 行政区域可在水系源头设置背景断面或在过境河流设置入境断面或对照断面、控制断面、消减断面、出境断面或河口断面。

(二) 河流监测断面布设要求

(1) 河流或水系背景断面布设在上游接近河流源头处,或未受人类活动明显影响的上游河段。

(2) 干、支流流经城市或工业聚集区河段在上、下游处分别布设对照断面和消减断面;污染严重的河段,根据排污口分布及排污状况布设若干控制断面,控制排污量不得小于本河段入河排污量总量的80%。

(3) 河段内有较大支流汇入时,在汇入点支流上游及充分混合后的干流下游处分别布设监测断面。

（4）出入国境河段或水域在出入境处布设监测断面，重要省际河流等水环境敏感水域在行政区界处布设监测断面。

（5）水文地质或地球化学异常河段，在上、下游分别布设监测断面。

（6）水生生物保护区以及水源型地方病发病区、水土流失严重区布设对照断面和控制断面。

（7）城镇饮用水水源在取水口及其上游1000m处分别布设监测断面。饮用水水源保护区以外如有排污口，应视其影响范围与程度增设监测断面。潮汐河段或其他水质变化复杂的河段，取水口和取水口上、下游1000m处分别布设监测断面。

（8）水网地区按常年主导流向布设控制断面；有多个叉路时按累加总径流量不小于80%布设若干个控制断面。

（三）湖泊、水库监测断面布设要求

（1）在湖泊、水库出入口、中心区、滞流区、近坝区等水域分别布设监测断面。

（2）湖泊、水库水质无明显差异，采用网格法均匀布设，网格大小依据湖泊、水库面积而定，网格精度应满足能掌握整体水质的要求，设在湖泊、水库的重要供水水源取水口，以取水口处为圆心，按扇形法在100~1000m范围布设若干弧形监测断面或垂线。

（3）河道型水库，应在水库上游、中游、近坝区及库尾与主要库湾回水区分别布设监测断面。

（4）湖泊、水库的监测断面布设与附近水流方向垂直；流速较小或无法判断水流方向时，以常年主导流向布设监测断面。

（四）采样点的确认

河流监测断面上设置的采样垂线数与各垂线上的采样点按表2-1和表2-2进行设置，湖泊、水库监测垂线上的采样点按表2-3进行设置。

表2-1　　　　　　　　　河流采样垂线的设置

水面宽/m	采样垂线
<50	1条（中泓）
50~100	2条（左、右岸有明显水流处）
>100	3条（左岸、中泓、右岸）

注　1. 垂线布设应避开污染带，监测污染带应另加垂线。
　　2. 确能证明断面水质均匀时，可仅在中泓线设置垂线。

表2-2　　　　　　　　河流采样垂线上采样点的设置

水深/m	采样点
<5	1点（水面下或冰下0.5m处）
5~10	2点（水面下0.5m、水底上0.5m处）
>10	3点（水面下0.5m、水底上0.5m、中层1/2水深处）

注　1. 水深不足0.5m时，在水深1/2处采样。
　　2. 封冻时在冰下0.5m处采样，有效水深不足1.0m时在水深1/2处采样。
　　3. 潮汐河段应分层设置采样点。

表 2-3　　　　　　　　　湖泊、水库监测垂线采样点的设置

水深/m	采 样 点
<5	1点（水面下或冰下0.5m处，水深不足1m时，在1/2水深处设置采样点）
5～10	2点（水面下0.5m、水底上0.5m处）
>10	3点（水面下0.5m、水底上0.5m、中层1/2水深处）

注　1. 根据监测目的，如需要确定变温层（温度垂直分布梯度0.2℃/m的区间），可从水面向下每隔0.5m测定并记录水温、溶解氧和pH值，计算水温垂直分布梯度。
　　2. 湖泊、水库有温度分层现象时，可在变温层增加采样点。
　　3. 有充分数据证实垂线上水质均匀时，可酌情减少采样点。
　　4. 受客观条件所限，无法实现底层采样的深水湖泊、水库，可酌情减少采样点。

二、采样

(一) 采样频次和时间

1. 确定原则

(1) 采集的样品在时间和空间上具有足够的代表性，能反映水资源质量自然变化和受人类活动影响变化的规律。

(2) 依据不同的水体功能、水文要素和污染源、污染物排放等实际情况。

(3) 力求以最低的采样频次，取得最具有时间代表性的样品，既要满足反映水质状况的要求，又要切实可行。

2. 采样频次和时间的确定

按照监测计划确定的频次开展监测。地表水环境质量例行监测可按月开展。

若月度内断面所处河流因自然原因或人为干扰而特征属性发生较大变化，可开展加密监测。上年度内每月均未检出的指标，可降低采样频次。

背景断面或者上年度内水质稳定为Ⅰ、Ⅱ类的断面，可降低采样频次，如按水文周期或季节进行采样。

受潮汐影响的监测断面，可分别采集涨潮和退潮水样并测定。涨潮水样应在水面涨平时采集，退潮水样应在水面退平时采集。仅评价地表水环境质量时，可只采集退潮水样。

(二) 采样准备

1. 制订采样计划

制订采样计划前，应明确监测任务、目的和要求，了解监测断面周围情况，熟悉采样方法、水样容器洗涤和样品保存技术。有现场测定项目时，还应掌握有关现场测定技术。

采样计划应包括监测断面（采样垂线和采样点）、监测项目和数量、采样质量保证措施、采样时间和路线、采样人员和分工、采样器具和交通工具以及现场测定项目和安全保证等。

遇到地震、台风、洪水等自然灾害情况，可不采样或延期采样，并加以说明。

2. 采样器材与现场测定仪器的准备

采样器材包括采样器、静置容器、样品瓶、水样保存剂和其他所需辅助设备。

采样器材的材质和结构、水样保存、容器洗涤方法应符合标准分析方法要求。若启用新容器,事先应充分清洗。

采样器包括表层采样器、深层采样器、自动采样器、石油类采样器及其他满足采样需求且不影响监测结果的采样器。

现场测定仪器包括用于现场测定 pH 值、溶解氧、水温、电导率、透明度、浊度等项目的仪器设备。

(三) 样品采集

1. 采样位置

采样时应保证采样点位置准确,必要时使用定位仪定位,并拍摄水体现场情况,做好记录。不能抵达指定采样位置时,应记录现场情况和调整后的实际采样位置。

2. 采样方式

(1) 船只采样:按采样时间及风浪等级选择适当吨位的船只;采样船应位于采样点下游,逆流采集水样,避免搅动底部沉积物造成水样污染;采样人员应在船只前部采集水样,尽量使采样器远离船体;若船上不具备静置条件,返回岸上后应立即静置。

2.1 地表水样品的采集【视频】

(2) 桥上采样:采样人员应能准确控制采样点位置,且能满足现场项目测定要求。

(3) 涉水采样:较浅的河流或靠近岸边水浅的采样点可涉水采样;采样人员应站在采样点下游,逆流采集水样,避免搅动底部沉积物导致水样污染。

(4) 缆道采样:适用于山区流速较大的河流,有水文站的监测断面常用此法。

(5) 其他采样方式:可使用无人机、无人船或在闸坝等水利设施上采集水样,但要保证采样点的准确性。

3. 采样方法

(1) 在同一监测断面分层采样时,应自上而下进行,避免不同层次水体混扰。

(2) 除标准分析方法有特殊要求的监测项目外,采样器、静置容器和样品瓶在使用前应先用水样分别荡洗 2~3 次。

(3) 采样时不可搅动水底的沉积物。除标准分析方法有特殊要求的监测项目外,采集的水样倒入静置容器中,保证足够用量,自然静置 30min。自然静置时,使用防尘盖遮挡,避免灰尘污染。

(4) 使用虹吸装置取上层不含沉降性固体的水样,移入样品瓶,虹吸装置进水尖嘴应保持插至水样表层 50mm 以下位置。

4. 特殊样品采集方法

(1) 石油类、五日生化需氧量、溶解氧、硫化物、悬浮物、粪大肠菌群、叶绿素 a 等或标准分析方法有特殊要求的项目要单独采样。

(2) 采集石油类样品,采样前应先破坏可能存在的油膜,使用专用的石油类采样器,在水面下至 30cm 水深采集柱状水样。保证水样采集在水面下进行,不得采入水面可能存在的油膜或水底的沉积物。采样量应满足标准分析方法的要求,且样品瓶不能用采集的水样荡洗。

（3）采集溶解氧、五日生化需氧量、硫化物和有机物等项目水样时，水样应注满样品瓶，液面之上不留空间，使用标准分析方法规定的专用保存容器。

2.2 溶解氧样品的固定【视频】

（4）采集的水样含有明显藻类时，可将水样全部通过孔径为 63μm 的过滤筛后，倒入静置容器中，保证足够需用量后，自然静置 30min，使用虹吸管取上层水样，移入样品瓶，立即加入保存剂。

（5）采集溶解态金属水样时，现场使用孔径为 0.45μm 的滤膜过滤后，分装入样品瓶，立即加入保存剂。

（6）采集总磷水样时，自然静置 30min 后仍存在大量可沉降性固体的，应在现场重新采集水样，根据原水浊度测定结果选择延长静置时间或离心的方式进行处理。

样品采集结束后应及时贴好标签，认真填写采样原始记录表，特殊情况应在采样记录表上进行标明，采样原始记录表见表 2-4。

表 2-4　　　　　　　　　采样原始记录表

_____采样原始记录表

采样时间：　　年　　月　　日

	流域　　水系　　河（江）			采样方法：		采样工具：	
断面地址				断面情况			
采样点位置	东经	北纬	左岸/右岸		m	采样深　　m	水面宽　　m
采样天气	晴、雨、阴	气温　　℃		气压　　kPa	水温　　℃	样品类型及状态	
	样品采集量			现场测定项目			
采集样品种类	瓶数/总数量/mL	保护剂类型	项目	测定方法		读数	单位
样品总数							
采样时间	年　月　日　时　分			采样人			

任务二 水样保存与预处理

一、水样的保存

水样采集后若放置过久，会发生物理、化学和生物化学的变化，改变水样的组成，影响检测分析结果。因此，从水样采集到分析测定的时间越短越好。表2-5是采样容器和常用水样保存方法。

表2-5　　　　　　　采样容器和常用水样保存方法

项目	采样容器	保存方法及保存剂用量	保存时间
色度*	G.P		12h
pH值*	G.P		12h
电导*	G.P		12h
悬浮物	G.P	0~4℃避光保存	14d
碱度	G.P	0~4℃避光保存	12h
酸度	G.P	0~4℃避光保存	30d
总硬度	G.P	HNO_3，1L水样中加浓HNO_3 10mL	14d
化学需氧量	G	H_2SO_4，pH≤2	2d
高锰酸盐指数	G	0~4℃避光保存	2d
溶解氧*	溶解氧瓶	加入$MnSO_4$，碱性KI、NaN_3溶液，现场固定	24h
生化需氧量	溶解氧瓶		6h
总有机碳	G	H_2SO_4，pH≤2	7d
氟化物	P	0~4℃避光保存	14d
氯化物	G.P	0~4℃避光保存	30d
溴化物	G.P	0~4℃避光保存	14h
碘化物	G.P	NaOH，pH=12	14h
硫酸盐	G.P	0~4℃避光保存	30d
磷酸盐	G.P	NaOH，H_2SO_4，调pH=7，$CHCl_3$ 0.5%	7d
总磷	G.P	HCl，H_2SO_4，pH≤2	24h
氨氮	G.P	H_2SO_4，pH≤2	24h
硝酸盐氮	G.P	0~4℃避光保存	24h
总氮	G.P	H_2SO_4，pH≤2	7d
硫化物	G.P	1L水样加NaOH至pH=9，加入5%$C_6H_8O_6$ 5mL，饱和EDTA 3mL，滴加饱和Zn(AC)$_2$至胶体产生，常温蔽光	24h
挥发酚	G.P	NaOH，pH≥9	12h
总氰	G.P	NaOH，pH≥9	12h
阴离子表面活性剂	G.P		24h
钠	P	HNO_3，1L水样中加浓HNO_3 10mL	14d

续表

项目	采样容器	保存方法及保存剂用量	保存时间
镁	G、P	HNO_3,1L 水样中加浓 HNO_3 10mL	14d
钾	P	HNO_3,1L 水样中加浓 HNO_3 10mL	14d
钙	G、P	HNO_3,1L 水样中加浓 HNO_3 10mL	14d
锰	G、P	HNO_3,1L 水样中加浓 HNO_3 10mL	14d
铁	G、P	HNO_3,1L 水样中加浓 HNO_3 10mL	14d
镍	G、P	HNO_3,1L 水样中加浓 HNO_3 10mL	14d
铜	P	HNO_3,1L 水样中加浓 HNO_3 10mL	14d
锌	P	HNO_3,1L 水样中加浓 HNO_3 10mL	14d
砷	G、P	HNO_3,1L 水样中加浓 HNO_3 10mL,DDTC 法,HCl 2mL	14d
硒	G、P	HCl,1L 水样中加浓 HCl 2mL	14d
银	G、P	HNO_3,1L 水样中加浓 HNO_3 2mL	14d
镉	G、P	HNO_3,1L 水样中加浓 HNO_3 10mL	14d
六价铬	G、P	NaOH,pH=8~9	14d
汞	G、P	HCl,1%;如水样为中性,1L 水样中加浓 HCl 10mL	14d
铅	G、P	HNO_3,1%;如水样为中性,1L 水样中加浓 HNO_3 10mL	14d
油类	G	HCl,pH≤2	7d
农药类	G	加入 $C_6H_8O_6$ 0.01~0.02g 除去残余氯,0~4℃避光保存	24h
挥发性有机物	G	用 1+10HCl 调至 pH=2,加入 0.01~0.02g $C_6H_8O_6$ 除去残余氯,0~4℃避光保存	12h
酚类	G	用 H_3PO_4 调至 pH=2,用 0.01~0.02g $C_6H_8O_6$ 除去残余氯,0~4℃避光保存	24h
微生物	G	加入 $Na_2S_2O_3$ 至 0.2~0.5g/L 除去残余物,0~4℃避光保存	12h
生物	G、P	不能现场测定时用 HCHO 固定,0~4℃避光保存	12h

注 1. *表示应尽量现场测定。
　　2. G 为硬质玻璃瓶;P 为聚乙烯瓶(桶)。

水样采集后,应快速进行分析测定。有些水样要求最好现场立即测定。例如,水温、溶解氧、CO_2、色度、臭和味、pH 值、浊度、电导率等。有些水样需带回实验室进行分析测定,水样从取出到实验室测定的这段时间,不可避免地发生化学、物理或生物变化。实际上,不论是天然水、饮用水还是工业废水、生活污水取出后,其组分完全不损失、不变化是不可能的,所以水样是很难保存的,最理想的是取样后立即分析。如不能立即分析,我们人为地采取一些措施来减慢水样从水源取出后的不可避免的化学、物理或生物变化,这就是水样的保存技术。

水样保存希望做到:减慢化学反应速度,防止组分的分解和沉淀产生;减慢化合物或络合物的水解和氧化还原作用;减少组分的挥发溶解和物理吸附;减慢生物化学作用。

水样的保存方法主要有：加入保存试剂，抑制氧化还原反应和生化作用；通过控制 pH 值和冷藏冷冻等方法，降低化学反应速度和细菌活性。除此之外，还应选择适当材料容器保存水样。采样容器和常用水样保存方法见表 2-5。

二、水样的预处理

水质环境是综合性的复杂体系，从环境中获得的水样中，型体多样，几乎都不能未经处理直接进行分析测定。水样中组分十分复杂，常常包含浓度相差很大的几十甚至几百种化学物质，即使是同一种元素，又存在无机、有机等多种型体，如铬有三价铬、六价铬，苯胺有硝基苯胺、对硝基苯胺、间硝基苯胺等。而这些物质各自所表现的环境效应与毒性又有所不同，会给测定带来影响。此外，水样中的有机物在自然条件下，受光、热、电磁辐射和微生物等外界条件的作用而发生变化。因此，环境中的水样，特别是待测对象含量较低时，常常需要进行现场固定与预处理后，才能进行分析测定。水样预处理的主要目的如下：

（1）去除水样中的基体和其他干扰物。含有大量复杂基质的水样，在进行色谱分析之前必须将基质除去。例如在进行液相色谱及离子色谱分析时，水样必须经过过滤，除去固体颗粒才能进样。此外，水样中难与待测组分完全区分的干扰性杂质会影响结果的准确性，也必须通过预处理去除。例如测水中氨氮时，若水样色度较高，应先用蒸馏法将 NH_3 蒸出，再用纳氏试剂分光光度法测定。

（2）浓缩待测组分。水样中许多待测组分浓度低，因此，采集样品的量相对较大，保存、运输均不方便。经预处理之后，保存和运输将更为容易，水样中待测的低浓度或痕量组分，可以通过提取、净化等预处理方式浓缩，从而提高方法的灵敏度。例如，测定水中微囊藻毒素时，可先用固相萃取柱将水样中的微囊藻毒素富集，再用高效液相色谱（HPLC）进行测定。

（3）将被测物转化为灵敏度更高、更易于与干扰组分分离的物质。例如，通过衍生化等方法，可以使一些在通常检测器上没有响应值或响应值较低的化合物转化为具有很高响应值的化合物，还可改变待测物质的性质，提高待测物质与基体或其他干扰物质的分离度和方法的灵敏度，从而达到改善方法灵敏度与选择性的目的。例如，对水中卤乙酸检测前，可用硫酸与甲醇作为衍生剂，将一氯乙酸、二氯乙酸和三氯乙酸酯化为相应的甲酯，再进入气相色谱（GC）进行分析。

（4）提高水样的稳定性，便于保存和运输。一些对环境敏感且无法当场测定的项目，需要在采样后进行预处理，使水样稳定后再进行测定。例如，测定水中溶解氧时，取样后，需立即加入 $MnSO_4$ 和碱性 KI 溶液，现场将溶解氧固定。

（5）延长仪器使用寿命。通过水样预处理可以去除对仪器或分析系统有害的物质，如强酸或强碱性物质、生物大分子等，从而延长仪器的使用寿命，使分析测定能长期保持在稳定、可靠的状态下进行。

水样预处理经常占用整个分析测试过程的大部分时间，甚至可达到分析时间的 2/3。对于具体的水样，选择恰当的预处理方法可以在得到高质量结果的同时，大大减少分析时间。但迄今为止，没有一种预处理方法能适合各种水样。即使对于同一种待测物质，由于所处的环境与条件不同，还可能要选择不同的预处理方案，因此要进行具体分析。选择最佳预处理方法的原则如下：

（1）能最大限度去除影响测定的干扰物。这是衡量预处理方法是否有效的首要指标，否则即使方法简单、快速也无济于事。

（2）被测组分的回收率高。通过预处理，要有较高的回收率，否则水样无法测定。

（3）操作简便、省时。预处理方法步骤越多，最终的误差也就越大，应尽可能选用自动化的处理方法。

（4）成本低廉，尽量避免使用昂贵的仪器与试剂。如果实验室条件较好、经费充足，也可以引进自动化程度高的水样预处理技术和设备。

（5）环境友好。所用试剂应尽量不对环境造成污染或危害人体健康。如必须使用此类试剂，应尽量回收循环使用，将危害性降至最低。

传统样品预处理方法有静置法、过滤法、抽滤法、离心法、絮凝沉淀法、蒸馏法等，对水样进行分析时，常根据分析目的、水质状况和有无干扰等不同情况进行预处理。常见的预处理方法及适用条件见表 2-6。

表 2-6　　　　　　　　　常见的预处理方法及适用条件

预处理方法	适　用　条　件
静置法	适用于现场简单处理，要求浊度和色度较低
过滤法	较为常用的实验室过滤方法，当使用滤纸过滤时，要考虑滤纸对被测物质的影响
抽滤法	方法基本同上，通过抽真空的方式加快预处理速度
离心法	适合色度不高、较为浑浊的水样
絮凝沉淀法	适用于成分复杂的水样
蒸馏法	

任务三 现 场 监 测

一、水质现场监测的重要性

在新时代背景下,随着我国工业化的发展速度变得越来越快,我国水环境污染问题也变得尤为突出,水体的自净能力已经无法控制水环境污染问题,水质也在慢慢恶化当中。对水质进行现场监测,不仅可以把水质状况的数据在第一时间直观地表示出来,还能够为顺利开展水质管理提供有效依据。

水质监测可以使用物理方法或者化学方法,对水中污染物的种类和含量进行测定。首先,水样采集后有些指标最好现场进行分析测定,如水温、溶解氧、CO_2、色度、臭和味、pH 值、浊度、电导率等。其次,水质现场监测不仅可以明确水中杂质的分布情况,还能够对水中污染物的变化情况进行深入分析以及掌握,进而确定水体污染的恶化情况。最后,水质现场监测可以对污染物的危害影响状况进行判断,不仅能够实现水环境污染防治的目标,还可以为拟定有关法律法规、验证水质模型以及开展水污染防治理研究论奠定扎实基础。

二、常见的水质现场监测仪器设备及检测参数

(一) 仪器设备

便携式多参数测定仪、便携式浊度仪、便携式快速重金属检测仪、DR2800 完全实验室、便携式生物毒性检测仪、水质快速检测试剂盒、砷测试盒、Move100 手持式多参数水质分析仪、S2 全反射 X 射线荧光光谱仪、等比例采样器、遥控采样船、藻类测定仪等。

(二) 检测参数

pH 值、水温、浑浊度、电导率、溶解氧、氯化物、硫酸盐、硝酸盐、亚硝酸盐、氨氮、氰化物、硫化物、氟化物、总硬度、总碱度、钙、镁、铜、锌、铅、镉、铁、锰、汞、砷、六价铬、总氮、碘、溴、钾、磷酸盐、硒、挥发酚、COD、综合毒性等。

三、开展现场监测实训的准备工作

首先编制实训任务作业指导书,提前在实验室对便携式多参数测定仪进行校准,到实验室准备需要带的现场监测仪器、装备、原始记录表及相关仪器操作指南。

建议携带的现场监测仪器:便携式多参数测定仪、便携式浊度仪、便携式色度仪。可测定的参数为水温、pH 值、电导率、溶解氧、浊度、色度。

建议携带的现场监测装备:救生衣、安全绳、折叠桌椅、口罩、乳胶手套、擦镜纸、有机玻璃采样器、样品瓶、洗瓶(装好蒸馏水)、废液收集瓶等。

2.3 现场监测——以便携式水质多参数测定仪测定 pH 溶解氧和电导率为例【视频】

四、开展现场监测实训的流程

到达现场后,根据分组安排,采样组带上采样装备、防护装备及便携式多参数

测定仪、现场采样记录表等，采集水样并测定水温、pH值、电导率、溶解氧等参数；检测组搭建好折叠桌椅，摆放好便携式色度仪、便携式浊度仪，根据采样组带回的水样测定色度、浊度等参数，填写现场监测原始记录表（任务一的采样原始记录表），最后收集整理带来的现场检测仪器和装备并带回实验室。

项目三

水 质 监 测 实 验

任务一 分析天平的称量

分析天平是定量分析最常用的精密仪器之一。目前普遍采用的是机械等臂光电分析天平或电子分析天平,通常其最大载荷不超过 200g,可精确称量到 0.1mg。电子分析天平是技术上最先进的一种,已在各类实验室中广泛应用。

一、实验目的
掌握电子分析天平的结构、使用规则和称量方法。

二、仪器与试剂
(一)仪器
电子分析天平、称量瓶、钥匙、小烧杯等。
(二)试剂
固体试剂可用 NaCl 或无水碳酸钠(Na_2CO_3)等。

三、电子分析天平的使用方法
(1)检查(如需要,调节)水平。
(2)预热。
(3)接通电源,预热至规定时间按说明书要求进行,各种天平预热时间要求不同,30min~4h 或更多。一天内,需要多次使用天平的,使天平总是处于预热状态,不要切断电源。
(4)微量/半微量天平在预热后,应当进行砝码的多次加载卸载来"运动天平",以使天平的示值稳定。
(5)校准。在天平安放位置变动、重新调节水平和使用中实验室环境(温度、湿度等)发生变化时,都需要进行校准才可进行称量。
校准方式有外校和内校两种:外校,使用外部砝码校准;内校,使用天平内置的砝码进行校准。仅有外校功能的天平只能使用外部砝码校准,有内校功能的天平可以使用外部砝码或内置砝码校准。带有温度、时间触发全自动内校功能的天平,会自动实行校准程序,按说明书操作即可。
(6)打开显示器,显示值稳定后,回零。
(7)称量。打开侧面玻璃门,将称量物轻轻放入秤盘中央,关闭玻璃门。显示稳定后，读取显示值。

(8) 称量结束后，取出被称物品，关闭显示器，若当天还要使用天平，可保持天平预热状态。若当天不再使用天平，应切断电源。

四、实验步骤

(一) 直接法

不易吸水、在空气中稳定的试样，如金属等，可用直接法称量。用无水 Na_2CO_3 练习直接准确称量 0.2g（准确至 0.0001g）。

3.1 分析天平的称量【视频】

按电子分析天平使用方法进行操作。测量时先将表面皿、烧杯、称量瓶或其他容器放在称量盘上，然后按"去皮"或"TARE"键，待示数稳定后，用药匙渐次加入试样，直到达到所需质量为止。准确称量已备好的 2 个质量的试样，将试样质量 W_1、W_2 记录于表 3-1 中。

(二) 差减法

差减法适用于粉末状试样或易吸湿、易氧化的试样。用无水 Na_2CO_3 练习称量 0.25~0.3g（准确至 0.0001g）。

(1) 在干净、干燥的称量瓶中装入 2g Na_2CO_3，放入干燥器待用。

(2) 把已洗净的小烧杯编号。

(3) 按要求从干燥器中取出盛 Na_2CO_3 的称量瓶，在托盘天平上粗称其质量，再在分析天平上称出其准确质量，记作 W_1。

(4) 从电子分析天平的称量盘取下称量瓶，小心倾出 0.25~0.3g 试样于已编好号的小烧杯中（图 3-1），再次准确称取称量瓶与剩余试样的质量，记作 W_2，则锥形瓶（或小烧杯）中试样的质量为 (W_1-W_2)。

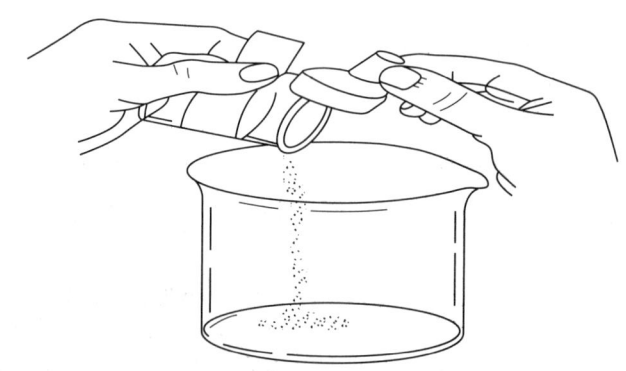

图 3-1 从称量瓶中倒出试样的操作方法

(5) 按同样方法连续称取 2 份试样，每份试样质量准确至 0.0001g，记录于表 3-1 中。

五、实验数据记录及处理

(一) 结果表示

称量结果保留小数点后 4 位。

（二）实验记录表

实验记录表见表 3-1。

表 3-1　　　　　电子分析天平的称量练习原始记录表

序号	直接法（0.2g）			差减法（0.25~0.3g）						平均值/g
	第一份	第二份	平均值/g	第一份			第二份			
	W_1/g	W_2/g		（试样+称量瓶）重 W_1/g	倾倒试样后的 W_2/g	(W_1-W_2) $W_{Na_2CO_3}$/g	（试样+称量瓶）重 W_1/g	倾倒试样后的 W_2/g	(W_1-W_2) $W_{Na_2CO_3}$/g	
1										
2										
3										

实验人：　　　　　　　　　　实验时间：

六、思考与讨论

（1）差减法和直接法两种称量法有何不同？在什么情况下选用何种称量方法？

（2）称量时，能否徒手拿取小烧杯或称量瓶？为什么？

任务二 标准溶液的配制和标定

标准溶液的配制与标定是化学分析中的重要步骤，用于确保实验的准确性和可靠性。标准溶液的配制方法主要有两种：直接法和标定法，具体如下：

（1）直接法。这种方法适用于那些符合基准物质条件的物质，如纯度高、化学性质稳定等。操作时，先准确称取一定量的基准物质，溶解后定量转移到容量瓶中，再用蒸馏水稀释至刻度，从而计算出溶液的准确浓度。

（2）标定法。对于不符合基准物质条件的物质，如易挥发或易吸水的试剂，先将其配制成近似所需浓度的溶液，然后使用基准物质或已知准确浓度的标准溶液来测定其准确浓度。这种方法一般涉及的操作步骤包括称取基准物质、溶解、转移至容量瓶、稀释、滴定等。

在标定时，通常使用滴定技术，通过添加已知浓度的滴定剂直到反应达到终点，从而计算出待测溶液的准确浓度。例如，在盐酸标准溶液的标定时，可以使用无水碳酸钠作为基准物质，通过滴定反应来确定盐酸溶液的准确浓度；在氢氧化钠标准溶液的标定时，可以使用邻苯二甲酸氢钾作为基准物质，通过滴定反应来确定氢氧化钠溶液的准确浓度。

一、实验目的

（1）学习配制标准溶液的方法，掌握用基准物质来标定 HCl 溶液浓度的方法。

（2）学会标准溶液浓度的调整方法。

（3）熟练掌握称量瓶、移液管、滴定管的使用方法。

二、实验原理

浓盐酸是酸碱滴定中常用来配制标准溶液的酸，它极易挥发，不能用来直接配制标准溶液，而只能和氢氧化钠一样，先配制成近似浓度的溶液，然后用基准物质标定。标定盐酸溶液常用无水 Na_2CO_3 作为基准物。滴定反应完全时，溶液的 pH 值为 3.89，可选用甲基橙作为指示剂。

三、仪器与试剂

（一）仪器

滴定分析所需仪器：滴定管；电子分析天平；称量瓶；移液管等。

（二）试剂

（1）浓 HCl（密度 1.19）。

（2）甲基橙 0.1%。

（3）基准物质：无水碳酸钠（Na_2CO_3）。

四、实验步骤

（1）$C_{HCl}=0.1mol/L$ HCl 溶液的配制。用 10mL 量筒量取浓 HCl 4.5mL 倒入 500mL 烧杯中，加 300mL 蒸馏水，搅拌均匀，然后稀释至 500mL，再搅拌均匀，移入试剂瓶中，贴上标签，待标定。

(2) $C_{HCl}=0.1mol/L$ HCl 溶液的标定。用甲基橙指示终点,用差减法准确称无水碳酸钠基准试剂 0.15~0.2g 三份,分别置于 250mL 锥形瓶中,各加蒸馏水 25mL 使其溶解,加甲基橙指示剂 2 滴,滴定前记录滴定管中待标定 HCl 溶液初始体积读数,然后向锥形瓶中滴加 HCl 至溶液由黄色变为橙色,即为终点(临近终点时,可将溶液煮沸除去 CO_2,冷却后继续滴至橙色),记录滴定后 HCl 体积的末读数。末读数与初始读数差,即为滴定所消耗 HCl 溶液的体积。平行标定 2~3 次,使 2 次滴定的相对偏差不超过 0.2%,否则重新滴定。

(3) 浓度调整。由标定结果,计算 HCl 溶液的标准浓度。若大于 0.1000mol/L,应加水稀释;若小于 0.1000mol/L,应加适量的浓 HCl 进行浓度调整。调整后再重新标定,使 HCl 溶液浓度为 0.1000mol/L±0.0001mol/L。

五、实验数据记录及处理

(一) 结果计算与表示

1. 结果计算步骤

HCl 溶液浓度计算公式如下:

$$C_{HCl}=\frac{m_{Na_2CO_3}}{V_{HCl} \cdot M_{1/2Na_2CO_3}}$$

式中　C_{HCl}——HCl 溶液浓度,mol/L;

$m_{Na_2CO_3}$——无水碳酸钠基准试剂的质量,g;

V_{HCl}——滴定时,消耗 HCl 溶液的体积,L;

$M_{1/2Na_2CO_3}$——$1/2Na_2CO_3$ 的摩尔质量,g/moL。

2. 结果表示要求

基准物质称量结果保留小数点后 4 位,滴定管消耗体积结果保留小数点后 2 位。

(二) 实验记录表

盐酸标准溶液配制与标定原始记录表见表 3-2。

表 3-2　　　　盐酸标准溶液配制与标定原始记录表

项目记录	编号	1	2	3
称量瓶+Na_2CO_3 质量(倾样前)/g				
称量瓶+Na_2CO_3 质量(倾样后)/g				
小烧杯中 Na_2CO_3 质量/g				
HCl 溶液终点读数/mL				
HCl 溶液初始读数/mL				
消耗 HCl 溶液体积/mL				
C_{HCl}/(mol/L)				
C_{HCl} 的平均值/(mol/L)				
相对偏差/%				

实验人:　　　　　　　实验时间:

六、注意事项

(1) 每次滴定最好从滴定管零刻度开始,以减小测定误差。

(2) 为了减小滴定误差,每次滴定溶液用量最好控制在 20~30mL。因用量太少,读数误差会增大。

(3) 控制滴定的速度,每秒 3~4 滴为宜。否则会有相当的溶液留在管壁上,使读数不准确。

任务三　水质色度的测定

水质色度的测定采用稀释倍数法，适用范围为地面水、地下水和饮用水等，还可用于污染严重的地面水和工业废水，参照标准为《水质　色度的测定》（GB/T 11903—1989）。

一、实验目的

水是一种无色、无臭、无味的透明液体，水中存在某些物质时（比如一些可溶性的有机物、部分无机物和有色悬浮微粒等），都可能变为有色的情况，即为色度。水质色度是对天然水或处理后的各种水进行颜色定量测定的指标，也是水的感官性指标之一。

通过本任务，可掌握水质色度的测定意义和方法，熟悉利用标准曲线直接读取实验结果的水质分析方法，提升动手操作能力及发现问题和解决问题的能力。

二、实验原理

用氯铂酸钾和氯化钴配制颜色标准溶液，与被测样品进行目视比较，以测定样品的颜色强度，即色度。

三、仪器与试剂

（一）仪器

pH 计（精度±0.1pH 单位）、具塞比色管 50mL（规格一致、光学透明玻璃底部无阴影）、容量瓶 250mL。

（二）试剂

除另有说明外，测定中仅使用光学纯水及分析纯试剂。

（1）光学纯水：将 0.2μm 滤膜（细菌学研究中所采用的）在 100mL 蒸馏水或去离子水中浸泡 1h 后用于过滤蒸馏水或去离子水，弃去最初的 250mL 以后，用这种水配制全部标准溶液并作为稀释水。

（2）六氯铂（Ⅳ）酸钾（K_2PtCl_6）、六水氯化钴（Ⅱ）（$CoCl_2 \cdot 6H_2O$）和盐酸（$\rho = 1.18g/mL$）。

四、实验步骤

（一）样品

1. 样品采集与保存

所用与样品接触的玻璃器皿都要用盐酸或表面活性剂溶液加以清洗，最后用蒸馏水或去离子水洗净、沥干。将样品采集在容积至少为 1L 的玻璃瓶内，在采样后要尽早进行测定。如果必须储存，则将样品储于暗处。在有些情况下还要避免样品与空气接触，同时要避免温度的变化。

2. 样品预处理

将样品倒入 250mL（或更大）量筒中，静置 15min，倾取上层液体作为试料进行测定。

(二)检测步骤

1. 标准曲线/标定

(1) 色度标准储备液,相当于500度:将(1.245±0.001)g六氯铂(Ⅳ)酸钾(K_2PtCl_6)及(1.000±0.001)g六水氯化钴(Ⅱ)($CoCl_2 \cdot 6H_2O$)溶于约500mL光学纯水中,加(100±1)mL盐酸($\rho=1.18g/mL$)并在1000mL的容量瓶内用水稀释至标线。

将溶液放在密封的玻璃瓶中,存放在暗处,温度不能超过30℃。这些溶液至少能稳定6个月。

(2) 色度标准溶液:在一组250mL的容量瓶中,用移液管分别加入2.50、5.00、7.50、10.00、12.50、15.0、17.50、20.00、30.00、35.00mL色度标准储备液,并用光学纯水稀释至标线。静液色度分别为5、10、15、20、25、30、35、40、50、60、70度。

溶液放在严密盖好的玻璃瓶中,存放于暗处,温度不能超过30℃。这些溶液至少可稳定1个月。

2. 测定

将一组具塞比色管用色度标准溶液充至标线。将另一组具塞比色管用预处理好的样品充至标线。将具塞比色管放在白色表面上,比色管与该表面应呈合适的角度,使光线被反射自具塞比色管底部向上通过液柱。垂直向下观察液柱,找出与试料色度最接近的标准溶液。如色度≥70度,用光学纯水将试料适当稀释后,使色度落入标准溶液范围之中再行测定。

另取试样测定pH值。

五、实验数据记录及处理

(一)结果计算与表示

1. 结果计算步骤

样品的色度以与之相当的色度标准溶液的度值表示。稀释过的样品色度(A_0),以度计,用下式计算:

$$A_0 = \frac{V_1}{V_0} A_1$$

式中 V_1——样品稀释后的体积,mL;

V_0——样品稀释前的体积,mL;

A_1——稀释样品色度的观察值,度。

2. 实验记录及结果表示要求

以色度的标准单位报告与试料最接近的标准溶液的值。在0~40度(不包括40度)的范围内,准确到5度;40~70度范围内,准确到10度。

在报告样品色度的同时报告pH值。

(二)撰写实验报告及实验记录表

色度的测定原始记录表见表3-3。实验报告详见附录九。

表 3-3　　　　　　　　　色度的测定原始记录表

样品名称	采样日期	pH 值	比色值		稀释倍数 $\dfrac{V_1}{V_0}$/倍	结果 /度
			原样品	稀释样品		

实验人：　　　　　　　　　实验时间：

六、思考与讨论

（1）此项目的实验用水直接采用蒸馏水或者去离子水可以吗？

（2）为什么样品需静置 15min，倾取上层液体作为试料进行测定？可以用过滤的方式代替静置吗？

（3）本实验为什么还要测定 pH 值？

任务四　水质浊度的测定——分光光度法

分光光度法适用范围为饮用水、天然水及高浊度水，参照标准为《水质 浊度的测定》（GB/T 13200—1991）。

一、实验目的

3.2 紫外可见分光光度计的使用【视频】

浊度是由于水中含有泥沙、黏土、有机物、无机物、浮游生物和微生物等悬浮物质所造成的，可使光散射或吸收。浊度经常是天然水、饮用水和部分工业用水的水质测定的参数，是一项非常重要的水质指标，也是一个表示水可能受到污染的重要标志。

通过本任务，可了解浊度的测定意义和方法，并熟悉紫外可见分光光度计的使用，提升动手操作能力及发现问题和解决问题的能力。

二、实验原理

在适当温度下，硫酸肼与六次甲基四胺聚合，形成白色高分子聚合物，以此作为浊度标准液。利用一束稳定光源光线通过盛有待测样品的样品池，传感器在与发射光线垂直的位置上测量散射光强度。光束射入样品时产生的散射光的强度与样品浊度在一定浓度范围内成比例关系。

三、仪器与试剂

（一）仪器

50mL 具塞比色管、紫外可见分光光度计。

（二）试剂

硫酸肼 $[(N_2H_4)H_2SO_4]$、六次甲基四胺 $[(CH_2)_6N_4]$。除非另有说明，分析时均使用符合国家标准或专业标准的分析纯试剂、去离子水或同等纯度的水。

（1）无浊度水：将蒸馏水通过 $0.2\mu m$ 滤膜过滤，收集于用滤过水荡洗两次的烧瓶中。

（2）浊度标准储备液：称取 1.000g 硫酸肼 $[(N_2H_4)H_2SO_4]$ 溶于水，定容至 100mL。称取 10.00g 六次甲基四胺 $[(CH_2)_6N_4]$ 溶于水，定容至 100mL。

注：硫酸肼有毒、致癌！因此，在配置的过程中注意戴手套和口罩。

吸取 5.00mL 上述硫酸肼溶液与 5.00mL 上述六次甲基四胺溶液于 100mL 容量瓶中混匀，于 (25 ± 3)℃下静置反应 24h。冷后用水稀释至标线，混匀。此溶液浊度为 400 度，可保存 1 个月。

四、实验步骤

（一）样品

1. 样品采集与保存

样品应收集到具塞玻璃瓶中，取样后尽快测定。如需保存，可保存在冷暗处不超过 24h。测试前需激烈振摇并恢复到室温。

注意：所有与样品接触的玻璃器皿必须清洁，可用盐酸或表面活性剂清洗。

2. 样品预处理

水样若在冷暗处保存过，测试前需激烈振摇并恢复到室温再进行测定。

(二) 检测步骤

1. 标准曲线/标定

首先，将紫外可见分光光度计的电源打开，紫外可见分光光度计自动进入自检模式；自检通过以后，将挡板放置在空白位（一般为第一个比色池），进行暗电流校正。完成上述操作，保持紫外可见分光光度计在工作状态，预热不少于30min。

然后，吸取浊度标准储备液（2）0、0.50、1.25、2.50、5.00、10.00、12.50mL，置于50mL的比色管中，加无浊度水至标线。摇匀后即得浊度为0、4、10、20、40、80、100度的标准系列。

接着，使用已经预热好的紫外可见分光光度计，测定已洗净的30mm比色皿的敏差，首次使用的比色皿，建议准备8个以上。

方法为：将紫外可见分光光度计波长调至500nm，进行空气调零（确保比色池内无挡板或比色皿后按"ZERO"或"调零"键）。在5个比色皿中装入去离子水至2/3处（不需要使用无浊度水），放入比色池中，注意标有"G"符号的光滑面需朝同一方向。确保光路正常通过比色皿后，盖上仪器盖子，分别测定其透射比$T(\%)$。当且仅当5个比色皿的透射比最大与最小差值小于5%时，才可将其作为一套比色皿用于测定。若出现差值大于5%，则应更换差距较大的比色皿，直到满足差值小于5%，该套比色皿的配套性才满足分析要求。完成配套的比色皿，可用铅笔在毛玻璃面进行标记，再次使用就无须进行此步骤，可直接使用。

用配套好的比色皿，于680nm波长，用30mm比色皿测定吸光度（Abs模式），并依次记录。以浊度0、4、10、20、40、80、100度（Y）为纵坐标，相对应的吸光度（X）为横坐标绘制校准曲线。

注意：在680nm波长下测定，天然水中存在淡黄色、淡绿色无干扰。

2. 测定

吸取50.0mL摇匀水样（无气泡，如浊度超过100度可酌情少取，用无浊度水稀释至50.0mL），于50mL比色管中，按绘制校准曲线步骤测定吸光度，由校准曲线查得水样浊度。

五、实验数据记录及处理

(一) 结果计算与表示

1. 结果计算步骤

将测得样品的吸光度值X代入标准曲线：$Y=kX+b$（其中，X为吸光度，k为曲线斜率，b为曲线截距），即可计算出待测样品的浊度Y。

若样品经过稀释，则计算出稀释样的浊度后，再按下式计算：

$$浊度(度)=\frac{A(B+C)}{C}$$

式中　A——稀释后水样的浊度，度；

　　　B——稀释水体积，mL；

C——原水样体积，mL。

2. 实验记录及结果表示要求

不同浊度范围测试结果的精度要求见表3-4。

表3-4　　　　　　　　不同浊度范围测试结果的精度要求

浊度范围/度	精度/度	浊度范围/度	精度/度
1～10		400～1000	50
10～100	5	大于1000	100
100～400	10		

（二）撰写实验报告及实验记录表

浊度测定原始记录表见表3-5。

表3-5　　　　　　　　浊度测定原始记录表

测定方法							
仪器名称							
标液浓度		选用波长		nm	比色皿规格		mm
工作曲线编号	标样体积/mL	定容体积/mL	吸光度				浊度/度
			Ⅰ	Ⅱ	平均值A	减空白	
1							
2							
3							
4							
5							
6							
7							
8							
标准曲线方程			截距a：	斜率b：	相关系数r：		
样品名称	取样体积/mL	定容体积/mL	吸光度				浊度/度
			Ⅰ	Ⅱ	平均值A	减空白	
计算公式							
实验人：			实验时间：				

六、思考与讨论

（1）采用分光光度法测定浊度时，为提高测定的准确性，需要注意什么？

（2）为什么样品需采集至具塞玻璃瓶中？能否换成无塞玻璃瓶、塑料瓶呢？

任务五 水质悬浮物的测定——重量法

重量法适用于地面水、地下水，也适用于生活污水和工业废水中悬浮物的测定，参照标准为《水质 悬浮物的测定 重量法》（GB/T 11901—1989）。

一、实验目的

水中悬浮物含量是衡量水污染程度的指标之一。地表水中存在悬浮物会使水体浑浊，降低透明度，影响水生生物的呼吸和代谢，甚至造成鱼类窒息死亡。悬浮物多时，还可能造成河道阻塞，水体中的有机悬浮物沉积后易厌氧发酵，使水质恶化。因此，在水和废水处理中，测定悬浮物具有特定意义。

通过本任务，可掌握悬浮物的测定意义和方法，并熟悉分析天平的使用，了解重量法在水环境监测分析中的应用案例。

二、实验原理

水质中的悬浮物是指水样通过孔径为 $0.45\mu m$ 的滤膜，截留在滤膜上并于 103～105℃烘干至恒重的固体物质。

三、仪器与试剂

（一）仪器

万分之一天平（精度为 0.1mg）、全玻璃微孔滤膜过滤器、CN-CA 滤膜（水系混合纤维素滤膜，孔径 $0.45\mu m$、直径 60mm）、吸滤瓶、真空泵、无齿扁咀镊子。

（二）试剂

蒸馏水或同等纯度的水。

四、实验步骤

（一）样品

1. 样品采集与保存

所用聚乙烯瓶或硬质玻璃瓶要用洗涤剂洗净，再依次用自来水和蒸馏水冲洗干净，采样之前，再用即将采集的水样清洗 3 次。然后，采集具有代表性的水样 500～1000mL，盖严瓶塞。

注意：漂浮或浸没的不均匀固体物质不属于悬浮物质，应从水样中除去。

采集的水样应尽快分析测定。如需放置，应储存在 4℃冷藏箱中，但最长不得超过 7 天。

注：不能加入任何保护剂，以防破坏物质在固、液间的分配平衡。

2. 样品预处理

因漂浮或浸没的不均匀固体物质不属于悬浮物质，因此若测定水样中含有漂浮和浸没不均匀的固体物质，则需要进行一定的预处理。对于容易打捞的漂浮物如聚集的藻类浮游植物，可使用干净的玻璃棒挑出。

（二）检测步骤

1. 预处理（滤膜准备）

用扁咀无齿镊子夹取微孔滤膜放于事先恒重的称量瓶里，移入烘箱中于103～105℃烘干半小时后取出，置干燥器内冷却至室温，称其重量。反复烘干、冷却、称量，直至两次称量的重量差≤0.2mg（严格保证烘干温度、时间以及冷却温度、天平室的温湿度的一致性，可提高恒重效率）。将恒重的微孔滤膜正确地放在滤膜过滤器的滤膜托盘上，加盖配套的漏斗，并用夹子固定好。以蒸馏水湿润滤膜，并不断吸滤。

注意：本项目最好使用万分之一天平，称量使用前需经过预热和校准两个步骤，具体方法如下：

（1）预热：打开天平室的空调，必要时打开除湿机，以确保温度和相对湿度分别恒定在（20±2）℃和45%～60%，确保天平水平调平（液泡调至正中）。完成上述操作后，天平开机预热30min以上再进行后续操作。

（2）校准：在不同的地方，特别是不同的纬度，重力加速度g是不同的，所以如果我们改变了工作地点必须要校准，否则测试的结果就不那么准了。另外，电子分析天平长时间不使用也需要进行校准。校准可参照仪器说明书进行。

2. 测定

量取充分混合均匀的试样100mL抽吸过滤。使水分全部通过滤膜，再以每次10mL蒸馏水连续洗涤3次，继续吸滤以除去痕量水分。停止吸滤后，仔细取出载有悬浮物的滤膜放在原恒重的称量瓶里（注意称量瓶的盖子不要完全盖住，可留一个缝隙，否则滤膜上的水分难以烘干），移入烘箱中于103～105℃下烘干一小时后移入干燥器中，冷却到室温（冷却的过程需要盖上称量瓶的盖子，防止吸湿增重），称其重量。反复烘干、冷却、称量，直至两次称量的重量差≤0.4mg。

注意：滤膜上截留过多的悬浮物可能夹带过多的水分，除延长干燥时间外，还可能造成过滤困难，遇此情况，可酌情少取试样。滤膜上悬浮物过少，则会增大称量误差，影响测定精度，必要时，可增大试样体积。一般以5～100mg悬浮物作为量取试样体积的适用范围。

五、实验数据记录及处理

（一）结果计算与表示

1. 结果计算步骤

悬浮物含量C(mg/L)按下式计算：

$$C=\frac{(A-B)\times 10^6}{V}$$

式中 C——水中悬浮物浓度，mg/L；
　　　A——悬浮物＋滤膜＋称量瓶重量，g；
　　　B——滤膜＋称量瓶重量，g；
　　　V——试样体积，mL。

2. 实验记录及结果表示要求

因万分之一天平的精确度为 0.1mg，按照水中悬浮物浓度的单位（mg/L），此项目的计算结果统一保留 1 位小数。

（二）撰写实验报告及实验记录表

悬浮物（重量法）测定原始记录表见表 3-6。

表 3-6　　　　　悬浮物（重量法）测定原始记录表

干燥温度：									天平型号名称：		
样品名称	采样日期	水样体积 /mL	过滤前始重 B/g			过滤后终重 A/g			$A-B$ /g	含量 /(mg/L)
			1	2	恒重	1	2	恒重		
实验人：			实验时间：							

六、思考与讨论

（1）在过滤样品前，为什么要用蒸馏水反复润洗滤膜？样品过滤后需要用 10mL 蒸馏水洗涤两次，这两次洗涤的作用相同吗？

（2）本任务的关键是称至恒重，那么如何提高恒重的效率呢？

（3）实验出现负值的原因是什么？即为何过滤后的重量反而小于过滤前？如何避免？

（4）悬浮物需要反复多次烘干、冷却至恒重，为什么不直接一次性烘干，比如烘一天？

任务六 水质溶解氧的测定——碘量法

碘量法是测定水中溶解氧的基准方法。在没有干扰的情况下,此方法适用于各种溶解氧浓度大于 0.2mg/L 和小于氧的饱和浓度两倍(约 20mg/L)的水样。易氧化的有机物,如丹宁酸、腐植酸和木质素等会对测定产生干扰。可氧化的硫的化合物,如硫化物硫脲,也如同易于消耗氧的呼吸系统那样产生干扰。当含有这类物质时,宜采用电化学探头法。碘量法的参照标准为《水质 溶解氧的测定 碘量法》(GB/T 7489—1987)。

一、实验目的

溶解氧(dissolved oxygen,DO)是指溶解于水中分子状态的氧,即水中的 O_2。溶解氧是水生生物生存不可缺少的条件。溶解氧除了被水中硫化物、亚硝酸根、亚铁离子等还原性物质所消耗外,也被水中微生物的呼吸作用以及水中有机物质被好氧微生物的氧化分解所消耗。所以说溶解氧是水体的资本,是水体自净能力的表示,测定水中溶解氧具有重要意义。

通过本任务,可了解溶解氧测定的意义和方法,掌握溶解氧的采样技术、滴定操作技术,同时了解氧化还原反应在水环境监测分析中的应用案例。

二、实验原理

在样品中溶解氧与刚刚沉淀的二价氢氧化锰(将氢氧化钠或氢氧化钾加入二价硫酸锰中制得)反应。酸化后,生成的高价锰化合物将碘化物氧化游离出等当量的碘,用硫代硫酸钠滴定法,测定游离碘量。

三、仪器与试剂

(一)仪器

天平、碱式滴定管、细口玻璃瓶(容量在 250~300mL 之间,校准至 1mL,具塞温克勒瓶或任何其他适合的细口瓶,瓶肩最好是直的。每一个瓶和盖要有相同的号码。用称量法来测定每个细口瓶的体积)。

(二)试剂

蒸馏水或同等纯度的水。

(1)硫酸溶液。小心地把 500mL 浓硫酸($D=1.84$g/mL)在不停搅动下加入 500mL 水中。此时为硫酸溶液:$C(1/2H_2SO_4)=2$mol/L。

(2)碱性试剂。

将 35g 的氢氧化钠(NaOH)[或 50g 的氢氧化钾(KOH)]和 30g 碘化钾(KI)[或 27g 碘化钠(NaI)],用水溶解稀释定容至 100mL,溶液贮存在塞紧的细口棕色瓶子里。

备注:当试样中亚硝酸氮含量大于 0.05mg/L 而亚铁含量不超过 1mg/L 时,为防止亚硝酸氮对测定结果的干涉,需在试样中加叠氮化物,叠氮化钠(NaN_3)是剧毒试剂!若已知试样中的亚硝酸盐低于 0.05mg/L,则可省去此试剂(叠氮化钠)。

1) 操作过程中严防中毒。

2) 不要使碱性碘化物-叠氮化物试剂酸化，因为可能产生有毒的叠氮酸雾。

将 35g 的氢氧化钠（NaOH）［或 50g 的氢氧化钾（KOH）］和 30g 碘化钾（KI）［或 27g 碘化钠（NaI）］溶解在大约 50mL 水中。

单独将 1g 的叠氮化钠溶于几毫升水中。

将上述两种溶液混合并稀释至 100mL。

溶液储存在塞紧的细口棕色瓶子里。经稀释和酸化后，在有指示剂存在下，本试剂应无色。

（3）无水二价硫酸锰溶液：340g/L（或一水硫酸锰 380g/L 溶液）。

可用 450g/L 四水二价氯化锰溶液代替。

过滤不澄清的溶液。

（4）碘酸钾标准溶液：$C(1/6KIO_3)=10mmol/L$。

在 180℃ 干燥数克碘酸钾（KIO_3），称量（3.567 ± 0.003）g 溶解在水中并稀释到 1000mL。将上述溶液吸取 100mL 移入 1000mL 容量瓶中，用水稀释至标线。

（5）硫代硫酸钠标准滴定液：$C(Na_2S_2O_3)=10mmol/L$。

将 2.5g 五水硫代硫酸钠溶解于新煮沸并冷却的水中，再加 0.4g 的氢氧化钠（NaOH），并稀释至 1000mL。

溶液储存于深色玻璃瓶中。

（6）淀粉指示剂：新配制 10g/L。

称取 1g 淀粉，溶解于 100mL 的水中。

（7）酚酞：1g/L 乙醇溶液。

称取 0.1g 酚酞，溶解于 100mL 的乙醇溶液中。

（8）碘溶液：约 0.005mol/L。溶解 4～5g 的碘化钾或碘化钠于少量水中，加约 130mg 的碘，待碘溶解后稀释至 100mL。

四、实验步骤

（一）样品

1. 样品采集与保存

除非还要做其他处理，样品应采集在细口瓶中，测定就在瓶内进行。试样充满全部细口瓶至溢流，小心避免溶解氧浓度的改变。对浅水用电化学探头法更好些。样品采集与保存具体步骤如下。

首先，将有机玻璃采样器的管子出口插入细口瓶的底部，用溢流冲洗的方式充入大约 10 倍细口瓶体积的水，最后注满瓶子，在消除附着在玻璃瓶上的空气泡之后，立即固定溶解氧。

溶解氧的固定：取样之后，最好在现场立即向盛有样品的细口瓶中加 1mL 无水二价硫酸锰溶液（3）和 2mL 碱性试剂（2）。使用细尖头的移液管，将试剂加到液面以下，小心盖上塞子，避免把空气泡带入。若用其他装置，必须小心保证样品氧含量不变。

然后，将细口瓶上下颠倒转动几次，使瓶内的成分充分混合，静置沉淀最少

5min，再重新颠倒混合，保证混合均匀。这时可以将细口瓶运送至实验室。

若避光保存，样品最长储藏24h。

2. 样品预处理

当存在能固定或消耗碘的悬浮物，或者怀疑有这类物质存在时，用明矾将悬浮物絮凝，然后分离并排除这种干扰（或最好采用电化学探头法测定溶解氧）。

（二）检测步骤

1. 标定

在锥形瓶中用100～150mL的水溶解约0.5g的碘化钾或碘化钠（KI或NaI），加入5mL 2mol/L的硫酸溶液（1），混合均匀，加20.00mL碘酸钾标准溶液（4），稀释至约200mL，立即用硫代硫酸钠溶液滴定释放出碘，当接近滴定终点时，溶液呈浅黄色，加淀粉指示剂（6），再滴定至完全无色。

硫代硫酸钠浓度（C，mmol/L）由下式求出：

$$C = \frac{6 \times 20 \times 1.66}{V}$$

式中 V——硫代硫酸钠溶液滴定量，mL。

每日标定一次溶液。

2. 测定

（1）游离碘。确保所形成的沉淀物已沉降在细口瓶下1/3处。慢速加入1.5mL硫酸溶液（1），盖上细口瓶盖，然后摇动瓶子，要求瓶中沉淀物完全溶解，并且碘已均匀分布。

若怀疑有三价铁的存在，则将硫酸溶液换为磷酸（H_3PO_4，$D=1.70g/mL$）。

注：若直接在细口瓶内进行滴定，小心地虹吸出上部分相应于所加酸溶液容积的澄清液，而不扰动底部沉淀物。

（2）滴定。将细口瓶内的组分或其部分体积（V）转移到锥形瓶内。用硫代硫酸钠标准滴定液（5）滴定至溶液呈淡黄色，加淀粉指示剂（6），继续滴定至蓝色刚好褪去，即为滴定终点，记下滴定体积V_2。

五、实验数据记录及处理

（一）结果计算与表示

1. 结果计算步骤

溶解氧含量C_1（mg/L）由下式求出：

$$C_1 = \frac{M_r V_2 C f_1}{4 V_1}$$

式中 M_r——氧的分子量，$M_r = 32$；

V_1——滴定时样品的体积，mL，一般取$V_1 = 100$mL，若滴定细口瓶内试样，则$V_1 = V_0$；

V_2——滴定样品时所耗去硫代硫酸钠溶液标准滴定液（5）的体积，mL；

C——硫代硫酸钠溶液标准滴定液（5）的实际浓度，mol/L。

$$f_1 = \frac{V_0}{V_0 - V'}$$

式中 V_0——细口瓶的体积,mL;
V'——无水二价硫酸锰溶液(3)(1mL)和碱性试剂(2)(2mL)体积的总和,即 3mL。

2. 实验记录及结果表示要求

此任务的计算结果统一保留 1 位小数。

(二) 撰写实验报告及实验记录表

溶解氧测定原始记录表见表 3-7。

表 3-7　　　　　　　　溶解氧测定原始记录表

采样日期　　年　　月　　日

标准溶液名称:硫代硫酸钠　　　　　　　　　　　　浓度:　　mol/L

样品名称	样品体积 /mL	标准溶液用量/mL			含量 /(mg/L)
		终点	始点	用量	

实验人:　　　　　　　实验时间:

六、思考与讨论

(1) 简述此任务的实验原理及涉及的化学方程式。

(2) 滴定过程的颜色变化是怎样的?为什么会呈现这样的变化?

(3) 为什么淀粉指示剂不在一开始就加入,而是在溶液由红棕色变为淡黄色才加入?

任务七 水质化学需氧量的测定——重铬酸盐法

重铬酸盐法适用于地表水、生活污水和工业废水中化学需氧量的测定，参照标准为《水质 化学需氧量的测定 重铬酸盐法》（HJ 828—2017）。

一、实验目的
（1）掌握化学需氧量的测定方法与原理。
（2）掌握滴定分析法进行化学需氧量测定的操作流程。

二、实验原理
在样品中加入已知量的重铬酸钾溶液，并在强酸介质下以银盐作为催化剂，经沸腾回流后，以试亚铁灵为指示剂，用硫酸亚铁铵滴定样品中未被还原的重铬酸钾，由消耗的重铬酸钾的量计算出消耗氧的质量浓度。

三、仪器与试剂

（一）仪器
回流装置（带有250mL磨口锥形瓶的全玻璃回流装置，可选用水冷或风冷全玻璃回流装置，其他等效冷凝回流装置亦可）、加热装置（电炉或其他等效消解装置）、分析天平（感量为0.0001g）、酸式滴定管（25mL或50mL）、一般实验室常用仪器和设备。

（二）试剂
除另有说明外，所用试剂均应使用符合国家标准或专业标准的分析试剂和蒸馏水或同等纯度的水。

（1）硫酸（H_2SO_4），$\rho(H_2SO_4)=1.84g/mL$，优级纯。

（2）重铬酸钾（$K_2Cr_2O_7$）：基准试剂，取适量重铬酸钾在105℃烘箱中干燥至恒重。

（3）重铬酸钾标准溶液：$C[(NH_4)_2Fe(SO_4)_2 \cdot 6H_2O]$ 等于 0.250mol/L（高浓度）或 0.0250mol/L（低浓度）。

高浓度：$C(1/6K_2Cr_2O_7)=0.250mol/L$，准确称取12.258g重铬酸钾溶于水中，定容至1000mL。

低浓度：$C(1/6K_2Cr_2O_7)=0.0250mol/L$，将重铬酸钾标准溶液（0.250mol/L）稀释10倍。

（4）硫酸银-硫酸溶液（Ag_2SO_4-H_2SO_4），称取10g硫酸银，加到1L硫酸（1）中，放置1～2d使之溶解，并混匀，使用前小心摇匀。

（5）硫酸亚铁铵标准溶液：$C[(NH_4)_2Fe(SO_4)_2 \cdot 6H_2O]$ 约等于 0.05mol/L（高浓度）或 0.005mol/L（低浓度）。

高浓度：称取19.5g硫酸亚铁铵溶解于水中，加入10mL硫酸（1），待溶液冷却后稀释至1000mL。

低浓度：将硫酸亚铁铵标准溶液（0.05mol/L）稀释10倍。

注：每日临用前，必须用重铬酸钾标准溶液（3）准确标定硫酸亚铁铵标准溶液（5）的质量浓度；标定时应做平行双样。

(6) 邻苯二甲酸氢钾标准溶液：$C(KHC_2H_4O_4)=2.0824mmol/L$。称取105℃干燥2h的邻苯二甲酸氢钾0.4251g溶于水，并稀释至1000mL，混匀。以重铬酸钾为氧化剂，将邻苯二甲酸氢钾完全氧化的COD_{Cr}值（以氧计）为1.176g/g（即1g邻苯二甲酸氢钾耗氧1.176g），故该标准溶液的理论COD_{Cr}值为500mg/L。

(7) 试亚铁灵指示剂溶液：1,10-菲绕啉（1,10 phenanathroline monohydrate，商品名为邻菲罗啉、1,10-菲罗啉等）指示剂溶液。溶解0.7g七水合硫酸亚铁于50mL水中，加入1.5g 1,10-菲绕啉，搅拌至溶解，稀释至100mL。

四、实验步骤

(一) 样品

1. 样品采集与保存

参照项目二的相关内容采集样品。采集样品的体积不得小于100mL。

采集的样品应置于玻璃瓶中，并尽快分析。如不能立即分析，应加入硫酸溶液至pH<2，置于4℃下保存，保存时间不超过5d。

2. 样品预处理

取样前需颠倒摇匀样品，而后取样待测。

(二) 检测步骤

1. 标准曲线/标定

取5.00mL重铬酸钾标准溶液（3）置于锥形瓶中，用水稀释至约50mL，缓慢加入15mL硫酸（1），混匀，冷却后加入3滴（约0.15mL）试亚铁灵指示剂溶液（7），用硫酸亚铁铵标准溶液（5）滴定，溶液的颜色由黄色经蓝绿色变为红褐色即为终点，记录下硫酸亚铁铵标准溶液的消耗量$V(mL)$。硫酸亚铁铵标准溶液的实际浓度按下式计算：

$$C=\frac{5.00mL\times 0.250mol/L}{V}$$

式中　C——硫酸亚铁铵标准滴定溶液浓度，mol/L；

　　　V——滴定时消耗硫酸亚铁铵标准溶液的体积，mL。

2. 测定

(1) 取10.0mL或V_2样品于锥形瓶中，依次加入重铬酸钾标准溶液（3）5.00mL和几颗防爆沸玻璃珠，摇匀。

(2) 将锥形瓶连接到回流装置冷凝管下端，从冷凝管上端缓慢加入15mL硫酸银-硫酸溶液（4），以防止低沸点有机物的逸出，不断旋动锥形瓶使之混合均匀。自溶液开始沸腾起保持微沸回流2h。

注：若为水冷装置，应在加入硫酸银-硫酸溶液（4）之前通入冷凝水。

(3) 回流并冷却后，自冷凝管上端加入45mL水冲洗冷凝管，取下锥形瓶。

(4) 溶液冷却至室温后，加入3滴试亚铁灵指示剂溶液（7）用硫酸亚铁铵标准溶液（5）滴定，溶液的颜色由黄色经蓝绿色变为红褐色即为终点。记下硫酸亚铁铵标准溶液的消耗体积V_1。

注：样品浓度高/低时，取样体积可适当减小/增大，同时其他试剂量也应按比例相应减小/增大。

3. 空白样品

按检测步骤2测定相同的步骤，以10.0mL实验用水代替样品进行空白试验，记录空白滴定时消耗硫酸亚铁铵标准溶液的体积V_0。

五、实验数据记录及处理

（一）结果计算与表示

1. 结果计算步骤

按下式计算样品中化学需氧量的质量浓度ρ：

$$\rho = \frac{C \times (V_0 - V_1) \times 8000}{V_2} \times f$$

式中 ρ——样品中化学需氧量的质量浓度，mg/L；

C——硫酸亚铁铵标准溶液的浓度，mol/L；

V_0——空白试验所消耗的硫酸亚铁铵标准溶液的体积，mL；

V_1——样品测定所消耗的硫酸亚铁铵标准溶液的体积，mL；

V_2——加热回流时所取样品的体积，mL；

f——样品稀释倍数；

8000——$\frac{1}{4}O_2$的摩尔质量以mg/L为单位的换算值。

2. 结果表示要求

当COD_{Cr}测定结果小于100mg/L时，保留到整数位；当测定结果大于或等于100mg/L时，保留3位有效数字。当测定结果小于1.00mg/L时，保留到小数点后2位；大于等于1.00mg/L时，保留3位有效数字。

（二）撰写实验报告及实验记录表

化学需氧量测定原始记录表见表3-8。

表3-8 化学需氧量测定原始记录表

测定方法								
仪器名称		重铬酸钾基准溶液浓度/(mol/L)			硫酸亚铁铵标准溶液浓度/(mol/L)			
序号	样品编号	取样体积/mL	稀释倍数	稀释后取样体积/mL	硫酸亚铁铵标准溶液消耗量/mL			样品浓度/(mg/L)
					终读	始读	用量	
1	空白							
2	标定							
3	样品1							
4	样品2							
5	样品3							

续表

序号	样品编号	取样体积/mL	稀释倍数	稀释后取样体积/mL	硫酸亚铁铵标准溶液消耗量/mL			样品浓度/(mg/L)
					终读	始读	用量	
6	样品4							
7	样品5							

计算公式：

实验人：　　　　　　　实验时间：

六、思考与讨论

（1）化学需氧量的定义是什么？

（2）化学需氧量测定的原理是什么？实验过程中的氧化剂、还原剂、指示剂、催化剂分别是哪些试剂？

任务八 高锰酸盐指数的测定——氧化还原滴定法

氧化还原滴定法适用于饮用水、水源水和地面水的高锰酸盐指数的测定,参照标准为《水质 高锰酸盐指数的测定》(GB/T 11892—1989)。

一、实验目的
(1) 掌握高锰酸盐指数的测定方法与原理。
(2) 掌握滴定分析法进行高锰酸盐指数测定的操作流程。

二、实验原理
样品中加入已知量的高锰酸钾和硫酸,在沸水浴中加热 30min,高锰酸钾将样品中的某些有机物和无机还原性物质氧化,反应后加入过量的草酸钠还原剩余的高锰酸钾,再用高锰酸钾标准溶液回滴过量的草酸钠。通过计算得到样品中高锰酸盐指数。

三、仪器与试剂

(一) 仪器
水浴或相当的加热装置 (有足够的容积和功率)、酸式滴定管 (25mL)、其他常见玻璃仪器 (锥形瓶、烧杯、量筒等)。
注:新的玻璃器皿必须用酸性高锰酸钾溶液清洗干净。

(二) 试剂
除另有说明外,所用试剂均应使用符合国家标准或专业标准的分析试剂和蒸馏水或同等纯度的水,不得使用去离子水。

(1) 不含还原性物质的水:将 1L 蒸馏水置于全玻璃蒸馏器中,加入 10mL 硫酸 (2) 和少量高锰酸钾标准储备液 (5) 蒸馏。弃去 100mL 初馏液,余下馏出液储于具玻璃塞的细口瓶中。

(2) 硫酸 (H_2SO_4),$\rho(H_2SO_4) = 1.84g/mL$,配制体积比为 1+3 的硫酸溶液。

体积比 1+3 硫酸溶液:在不断搅拌下,将 100mL 硫酸慢慢加入 300mL 水中。趁热加入数滴高锰酸钾标准储备液 (5) 直至溶液出现粉红色。

(3) 草酸钠标准储备液,$C = 0.1000mol/L$:称取 0.6705g 经 120℃烘干 2h 并放冷的草酸钠 ($Na_2C_2O_4$) 溶解水中,移入 100mL 容量瓶中,用水稀释至标线,混匀,置 4℃保存。

(4) 草酸钠标准溶液,$C = 0.0100mol/L$:吸取 10.00mL 草酸钠标准储备液 (3) 于 100mL 容量瓶中,用水稀释至标线,混匀。

(5) 高锰酸钾标准储备液,C 约为 0.1mol/L:称取 3.2g 高锰酸钾溶解于水并稀释至 1000mL。于 90~95℃水浴中加热此溶液两小时,冷却。存放两天后,倾出清液,储于棕色瓶中。

(6) 高锰酸钾标准溶液,C 约为 0.01mol/L:吸取 100mL 高锰酸钾标准储备液 (5) 于 1000mL 容量瓶中,用水稀释至标线,混匀。

注：此溶液在暗处可保存几个月，使用当天标定其浓度。

四、实验步骤

（一）样品

1. 样品采集与保存

参照项目二的相关内容采集样品。采样后要加入硫酸溶液（2）使样品pH值为1～2，并尽快分析。如保存时间超过6h，则需置暗处，在0～5℃下保存，不得超过2d。

2. 样品预处理

取样前需颠倒摇匀样品，而后取样待测。

（二）检测步骤

1. 空白试验

3.5 高锰酸盐指数的测定（氧化还原滴定法）（上）【视频】

（1）用100mL水代替样品。吸取100.0mL经充分摇动、混合均匀的样品（或分取适量，用水稀释至100mL），置于250mL锥形瓶中，加入（5±0.5）mL硫酸（2），用滴定管加入10.00mL高锰酸钾标准溶液（6），摇匀。将锥形瓶置于沸水浴内（30±2）min（水浴沸腾，开始计时）。

（2）取出后用滴定管加入10.00mL草酸钠标准溶液（4）至溶液变为无色。趁热用高锰酸钾标准溶液（6）滴定至刚出现粉红色，并保持30s不褪。记录消耗的高锰酸钾溶液体积V_0。

3.6 高锰酸盐指数的测定（氧化还原滴定法）（下）【视频】

2. 标定

向空白试验滴定后的溶液中加入10.00mL草酸钠标准溶液（4）。如果需要，将溶液加热至80℃。用高锰酸钾标准溶液（6）继续滴定至刚出现粉红色，并保持30s不褪。记录下消耗的高锰酸钾标准溶液（6）体积V_2。

3. 样品滴定

用100mL样品代替水，按步骤1测定，记录消耗的高锰酸钾溶液体积V_1。

注：（1）沸水浴的水面要高于锥形瓶内的液面。

（2）所取样品中高锰酸盐指数的量需要能被加热前加入的10mL高锰酸钾标准溶液（6）足量氧化。通过在酸性条件下加热完成氧化后，锥形瓶内剩余的高锰酸钾标准溶液（6）的量以其加入量10mL的1/3～1/2为宜。加热时，如溶液红色褪去，说明高锰酸钾量不够，须重新取样，经稀释后测定。

（3）滴定时温度如低于60℃，反应速度缓慢，因此应加热至80℃左右。

（4）沸水浴温度为98℃。如在高原地区，报出数据时，需注明水的沸点。

五、实验数据记录及处理

（一）结果计算与表示

1. 结果计算步骤

按下式计算样品中高锰酸盐指数（I_{Mn}），以每升样品消耗毫克氧数来表示（O_2，mg/L）：

$$I_{Mn} = \frac{\left[(10+V_1)\dfrac{10}{V_2}\right] \times C \times 8 \times 1000}{100}$$

式中 V_1——样品滴定时,消耗高锰酸钾溶液体积,mL;

V_2——标定时,所消耗高锰酸钾溶液体积,mL;

C——草酸钠标准溶液浓度,0.0100mol/L。

如样品经稀释后测定,按下式计算:

$$I_{Mn} = \frac{\left\{\left[(10+V_1)\dfrac{10}{V_2}-10\right]-\left[(10+V_0)\dfrac{10}{V_2}-10\right]\times f\right\}\times C\times 8\times 1000}{V_3}$$

式中 V_0——空白试验时,消耗高锰酸钾溶液体积,mL;

V_3——测定时,所取样品体积,mL;

f——稀释样品时,蒸馏水在100mL测定用样品体积内所占比例(例如:10mL样品用水稀释至100mL,则 $f=\dfrac{100-10}{100}=0.90$)。

2. 结果表示要求

实验结果保留到小数点后1位。

(二)撰写实验报告及实验记录表

高锰酸盐指数测定原始记录表见表3-9。

表3-9 高锰酸盐指数测定原始记录表

测定方法								
仪器名称		草酸钠基准溶液浓度/(mol/L)			高锰酸钾溶液浓度/(mol/L)			
序号	样品编号	取样体积/mL	稀释倍数	稀释后取样体积/mL	高锰酸钾溶液消耗量/mL			样品浓度/(mg/L)
					终读	始读	用量	
1	空白							
2	标定							
3	样品1							
4	样品2							
5	样品3							
6	样品4							
7	样品5							

计算公式:

实验人: 实验时间:

六、思考与讨论

(1)高锰酸盐指数是反映什么的常见指标?其定义是什么?

(2)高锰酸盐指数测定的原理是什么?实验过程中的氧化剂、还原剂、指示剂分别是哪些试剂?

(3)高锰酸盐指数是否能作为理论需氧量或总有机物含量的指标?

任务九　水质五日生化需氧量（BOD$_5$）的测定
——稀释与接种法

稀释与接种法适用于地表水、工业废水和生活污水中五日生化需氧量（BOD$_5$）的测定，参照标准为《水质 五日生化需氧量（BOD$_5$）的测定 稀释与接种法》（HJ 505—2009）。

一、实验目的

BOD$_5$ 是反映有机污染物的重要指标之一，污染水体中的有机物在水体中分解时会消耗大量溶解氧，从而破坏水体中氧的平衡，使水质恶化。利用水中有机物在一定条件下所消耗的氧来间接表示水体中有机物的含量，消耗的氧越多，说明水中有机污染物质越多，污染也就越严重。

通过学习本任务，掌握用稀释与接种法测定 BOD$_5$ 的基本原理和操作过程，掌握水中 BOD$_5$ 与水体污染的关系。

二、实验原理

生化需氧量是指在规定的条件下，微生物分解水中的某些可氧化的物质，特别是有机物的生物化学过程消耗的溶解氧。通常情况下是指水样充满完全密闭的溶解氧瓶中，在（20±1）℃的暗处培养 5d±4h，分别测定培养前、后水样中溶解氧的质量浓度，由培养前、后溶解氧的质量浓度之差，计算每升样品消耗的溶解氧量，以 BOD$_5$ 形式表示。

若样品中的有机物含量较高，BOD$_5$ 的质量浓度大于 6mg/L，样品需适当稀释后测定；对不含或含微生物少的工业废水，如酸性废水、碱性废水、高温废水、冷冻保存的废水或经过氯化处理的废水等，在测定 BOD$_5$ 时应进行接种，以引进能分解废水中有机物的微生物。当废水中存在难以被一般生活污水中的微生物以正常的速度降解的有机物或含有剧毒物质时，应将驯化后的微生物引入水样中进行接种。

三、仪器与试剂

（一）仪器

(1) 带风扇的恒温培养箱：(20±1)℃。
(2) 溶解氧测定仪。
(3) 溶解氧瓶：带水封装置，容积 250～300mL。
(4) 稀释容器：1000～2000mL 的量筒。
(5) 曝气装置：多通道空气泵或其他曝气装置；曝气可能带来有机物、氧化剂和金属，导致空气污染，如有污染，空气应过滤清洗。
(6) 滤膜：孔径为 1.6μm。
(7) 虹吸管：供分取水样或添加稀释水。

（二）试剂

(1) 磷酸盐缓冲溶液：将 8.5g 磷酸二氢钾（KH_2PO_4）、21.8g 磷酸氢二钾（K_2HPO_4）、33.4g 七水合磷酸氢二钠（$Na_2HPO_4 \cdot 7H_2O$）和 1.7g 氯化铵（NH_4Cl）溶于水中，稀释至 1000mL，此溶液在 0~4℃可稳定保存 6 个月。此溶液的 pH 值为 7.2。

（2）硫酸镁溶液：将 22.5g 七水合硫酸镁（$MgSO_4 \cdot 7H_2O$）溶于水中，稀释至 1000mL，此溶液在 0~4℃可稳定保存 6 个月，若发现任何沉淀或微生物生长应弃去。

（3）氯化钙溶液：将 27.6g 无水氯化钙（$CaCl_2$）溶于水中，稀释至 1000mL，此溶液在 0~4℃可稳定保存 6 个月，若发现任何沉淀或微生物生长应弃去。

（4）氯化铁溶液：将 0.25g 六水合氯化铁（$FeCl_3 \cdot 6H_2O$）溶于水中，稀释至 1000mL，此溶液在 0~4℃可稳定保存 6 个月，若发现任何沉淀或微生物生长应弃去。

（5）稀释水：在 5~20L 的玻璃瓶中加入一定量的水，控制水温在（20±1）℃，用曝气装置至少曝气 1h，使稀释水中的溶解氧达到 8mg/L 以上。使用前每升水中加入磷酸盐缓冲溶液、硫酸镁溶液、氯化钙溶液、氯化铁溶液各 1.0mL，混匀，20℃保存。在曝气的过程中防止污染，特别是防止带入有机物、金属、氧化物或还原物。

稀释水中氧的质量浓度不能过饱和，使用前需开口放置 1h，且应在 24h 内使用。剩余的稀释水应弃去。

（6）接种液：可购买接种微生物用的接种物质，接种液的配制和使用按说明书的要求操作，也可按以下方法获得接种液。

1）未受工业废水污染的生活污水：化学需氧量不大于 300mg/L，总有机碳不大于 100mg/L。

2）含有城镇污水的河水或湖水。

3）污水处理厂的出水。

4）分析含有难降解物质的工业废水时，在其排污口下游适当处取水样作为废水的驯化接种液。也可取中和或经适当稀释的废水进行连续曝气，每天加入少量该种废水，同时加入少量生活污水，使适应该种废水的微生物大量繁殖。当水中出现大量的絮状物时，表明微生物已繁殖，可用作接种液。一般驯化过程需 3~8d。

（7）接种稀释水：根据接种液的来源不同，每升稀释水中加入适量接种液：城市生活污水和污水处理厂出水加 1~10mL，河水或湖水加 10~100mL，将接种稀释水存放在（20±1）℃的环境中，当天配制当天使用。接种的稀释水 pH 值为 7.2，BOD_5 应小于 1.5mg/L。

（8）盐酸溶液：将 40mL 浓盐酸（HCl）溶于水中，稀释至 1000mL。

（9）氢氧化钠溶液：将 20g 氢氧化钠溶于水中，稀释至 1000mL。

（10）亚硫酸钠溶液：将 1.575g 亚硫酸钠（Na_2SO_3）溶于水中，稀释至 1000mL。此溶液不稳定，需现用现配。

（11）乙酸溶液：体积比 1+1。

（12）碘化钾溶液：将 10g 碘化钾（KI）溶于水中，稀释至 100mL。

（13）淀粉溶液：将 0.50g 淀粉溶于水中，稀释至 100mL。

四、实验步骤

（一）样品

1. 样品采集与保存

用采样器装样时，应将皮管伸入 250mL 带水封溶解氧瓶瓶底再放水，使用排空法盛样，尽可能减少空气溶入，注满水后，盖好瓶盖并留有水封，罩上密封罩，防止培养期间水封水蒸发干，填写好样品标签。装样时样品应避免曝气，充满并密封于瓶中，瓶内不应留有任何气泡。样品在 0～4℃ 的暗处运输和保存，并于 24h 内尽快分析；24h 内不能分析，可冷冻保存（冷冻保存时避免样品瓶破裂），冷冻样品分析前需解冻、均质化和接种。

2. 样品预处理

（1）pH 值调节：若样品或稀释后样品 pH 值不在 6～8 范围内，应用盐酸溶液（8）或氢氧化钠溶液（9）调节其 pH 值至 6～8。

（2）余氯和结合氯的去除：若样品中含有少量余氯，一般在采样后放置 1～2h，游离氯即可消失。对在短时间内不能消失的余氯和结合氯，可加入适量亚硫酸钠溶液（10）进行去除，加入的亚硫酸钠溶液的量由下述方法确定。

取已中和好的水样 100mL，加入乙酸溶液（11）10mL、碘化钾溶液（12）1mL，混匀，暗处静置 5min。用亚硫酸钠溶液滴定析出的碘呈淡黄色，加入 1mL 淀粉溶液（13）呈蓝色，再继续滴定至蓝色刚刚褪去，即终点，记录所用亚硫酸钠溶液体积，由亚硫酸钠溶液消耗的体积计算出水样中应加亚硫酸钠溶液的体积。

（3）样品均质化：含有大量颗粒物、需要较大稀释倍数的样品或经冷冻保存的样品，测定前均需将样品搅拌均匀。

（4）样品中有藻类：若样品中有大量藻类存在，BOD_5 的测定结果会偏高。当分析结果精度要求较高时，测定前应用滤孔为 1.6μm 的滤膜过滤，报告中注明滤膜滤孔的大小。

（5）含盐量低的样品：若样品含盐量低，非稀释样品的电导率小于 125μS/cm，需加入适量相同体积的四种盐溶液［磷酸盐缓冲溶液（1）、硫酸镁溶液（2）、氯化钙溶液（3）、氯化铁溶液（4）］，使样品的电导率大于 125μS/cm。每升样品中至少需加入各种盐的体积 V 按下式计算：

$$V = (\Delta K - 12.8)/113.6$$

式中　V——需加入各种盐的体积，mL；

　　　ΔK——样品需要提高的电导率值，μS/cm。

（二）检测步骤

测定前待测试样的温度达到 (20 ± 2)℃，若样品中溶解氧浓度低，需要用曝气装置曝气 15min，充分振摇赶走样品中残留的空气泡；若样品中氧过饱和，将容器 2/3 体积充满样品，用力振荡赶出过饱和氧。

BOD_5 的检测方法分为非稀释法和稀释法，若样品中 BOD_5 的质量浓度大于 6mg/L，则采用稀释法进行测定；反之则采用非稀释法进行测定。同时，根据试样中微生物含量情况确定是否需要进行接种。

1. 非稀释法

非稀释法分为两种情况：非稀释法和非稀释接种法。

若样品中的有机物含量较低，BOD_5 的质量浓度不大于 6mg/L，且样品中有足够的微生物，用非稀释法测定。

若样品中的有机物含量较低，BOD_5 的质量浓度不大于 6mg/L，但样品中无足够的微生物，如酸性废水、碱性废水、高温废水、冷冻保存的废水或经过氯化处理的废水等，采用非稀释接种法测定。

(1) 试样的准备。

1) 待测样品：非稀释法可直接取样测定；非稀释接种法，每升试样中加入适量的接种液（6），待测定。

2) 空白样品：非稀释接种法，每升稀释水中加入与试样中相同量的接种液（6）作为空白试样。

(2) 试样的测定。

采用电化学探头法测定试样中的溶解氧。测定培养前试样中的溶解氧的质量浓度，再将试样瓶放入恒温培养箱中培养 5d±4h，测定培养后试样中溶解氧的质量浓度。

空白样品的测定方法同待测样品相同。

2. 稀释与接种法

稀释与接种法分为两种情况：稀释法和稀释接种法。

若试样中的有机物含量较高，BOD_5 的质量浓度大于 6mg/L，且样品中有足够的微生物，采用稀释法测定。

若试样中的有机物含量较高，BOD_5 的质量浓度大于 6mg/L，但试样中无足够的微生物，采用稀释接种法测定。

(1) 试样的准备。

1) 待测样品。稀释法测定，稀释倍数按表 3-10 和表 3-11 方法确定，然后用稀释水（5）稀释。稀释接种法测定，用接种稀释水（7）稀释样品。

表 3-10　　　　　　　　典 型 的 比 值 R

水样的类型	总有机碳 R (BOD_5/TOC)	高锰酸盐指数 R (BOD_5/I_{Mn})	化学需氧量 R (BOD_5/COD_{Cr})
未处理的废水	1.2～2.8	1.2～1.5	0.35～0.65
生化处理的废水	0.3～1.0	0.5～1.2	0.20～0.35

稀释倍数的确定：样品稀释的程度应使消耗的溶解氧质量浓度不小于 2mg/L，培养后样品中剩余溶解氧质量浓度不小于 2mg/L，且试样中剩余的溶解氧的质量浓度为开始浓度的 1/3～2/3 为最佳。

稀释倍数可根据样品的总有机碳、高锰酸盐指数或化学需氧量的测定值，按照表 3-10 列出的 BOD_5 与总有机碳、高锰酸盐指数或化学需氧量的比值 R 估计 BOD_5 的期望值（R 与样品的类型有关），再根据表 3-11 确定稀释倍数。当不能准确地选择稀释倍数时，一个样品做 2～3 个不同的稀释倍数。

由表 3-10 选择适当的 R 值,按下式计算 BOD_5 的期望值:

$$\rho = RY$$

式中 ρ——五日生化需氧量浓度的期望值,mg/L;

Y——总有机碳、高锰酸盐指数或化学需氧量的值,mg/L。

由估算出的 BOD_5 的期望值,按表 3-11 确定样品的稀释倍数。

表 3-11　　　　　　　　BOD_5 测定的稀释倍数

BOD_5 的期望值/(氧 mg/L)	稀释倍数	水 样 类 型
6～12	2	河水,生物净化的城市污水
10～30	5	河水,生物净化的城市污水
20～60	10	生物净化的城市污水
40～120	20	澄清的城市污水或轻度污染的工业废水
100～300	50	轻度污染的工业废水或原城市污水
200～600	100	轻度污染的工业废水或原城市污水
400～1200	200	重度污染的工业废水或原城市污水
1000～3000	500	重度污染的工业废水
2000～6000	1000	重度污染的工业废水

按照确定的稀释倍数,将一定体积的试样或处理后的试样用虹吸管加入已加部分稀释水(5)或接种稀释水(7)的稀释容器中,加稀释水(5)或接种稀释水(7)至刻度,轻轻混合避免残留气泡,待测定。若稀释倍数超过 100 倍,可进行两步或多步稀释。

2)空白样品。稀释法测定,空白试样为稀释水(5);稀释接种法测定,空白试样为接种稀释水(7)。

(2)试样的测定。

采用电化学探头法测定试样中的溶解氧。测定培养前试样中的溶解氧的质量浓度,再将试样瓶放入恒温培养箱中培养 $5d\pm 4h$,测定培养后试样中溶解氧的质量浓度。

空白样品的测定方法同待测样品相同。

五、实验数据记录及处理

(一)结果计算与表示

1. 结果计算步骤

(1)非稀释法。非稀释法按下式计算样品 BOD_5 的测定结果:

$$\rho = \rho_1 - \rho_2$$

式中 ρ——五日生化需氧量质量浓度,mg/L;

ρ_1——水样在培养前的溶解氧质量浓度,mg/L;

ρ_2——水样在培养后的溶解氧质量浓度,mg/L。

(2)非稀释接种法。

$$\rho = (\rho_1 - \rho_2) - (\rho_3 - \rho_4)$$

式中 ρ——五日生化需氧量质量浓度,mg/L;

ρ_1——接种水样在培养前的溶解氧质量浓度，mg/L；
ρ_2——接种水样在培养后的溶解氧质量浓度，mg/L；
ρ_3——空白样在培养前的溶解氧质量浓度，mg/L；
ρ_4——空白样在培养后的溶解氧质量浓度，mg/L。

（3）稀释与接种法。稀释与接种法按下式计算样品 BOD_5 的测定结果：

$$\rho = \frac{(\rho_1 - \rho_2) - (\rho_3 - \rho_4)f_1}{f_2}$$

式中 ρ——五日生化需氧量质量浓度，mg/L；
ρ_1——接种稀释水样在培养前的溶解氧质量浓度，mg/L；
ρ_2——接种稀释水样在培养后的溶解氧质量浓度，mg/L；
ρ_3——空白样在培养前的溶解氧质量浓度，mg/L；
ρ_4——空白样在培养后的溶解氧质量浓度，mg/L；
f_1——接种稀释水或稀释水在培养液中所占的比例；
f_2——原样品在培养液中所占的比例。

2. 结果表示要求

BOD_5 测定结果以氧的质量浓度（mg/L）报出。对稀释与接种法，如果有几个稀释倍数的结果满足要求，取这些稀释倍数结果的平均值。结果小于100mg/L，保留1位小数；100～1000mg/L，取整数位；大于1000mg/L，以科学计数法报出。结果报告中应注明样品是否经过过滤、冷冻或均质化处理。

（二）撰写实验报告及实验记录表

五日生化需氧量（BOD_5）测定原始记录表见表3-12。

表3-12　　　　五日生化需氧量（BOD_5）测定原始记录表

测定方法					
溶解氧测定仪名称			培养箱名称		
采样日期		培养前测定日期		培养后测定日期	
计算公式					
样品名称	试验水样/mL		培养前溶解氧浓度/(mg/L)	培养后溶解氧浓度/(mg/L)	BOD_5/(mg/L)
	原水样体积	总体积			
稀释水					
接种稀释水					

实验人：　　　　　　　　　　　　　　实验时间：

六、思考与讨论

（1）五日生化需氧量和化学需氧量、高锰酸盐指数之间有什么区别和联系？

（2）BOD_5 的稀释水和接种稀释水如何制备？

任务十　水中总硬度的测定——EDTA 滴定法

EDTA 滴定法适用于地下水和地表水中总硬度（钙和镁的总量）的测定，参照标准为《水质 钙和镁总量的测定 EDTA 滴定法》（GB/T 7477—1987）。

一、实验目的
（1）掌握总硬度的测定方法与原理。
（2）了解配位滴定法基本原理和操作流程。

二、实验原理
在 pH 值为 10 的条件下，用 EDTA 溶液络合滴定钙离子和镁离子。铬黑 T（[$HOC_{10}H_6N:N_{10}H_4(OH)(NO_2)SO_3Na$]，又名媒染黑 11，学名：1（1-羟基-2 萘基偶氮）6 硝基-2-萘酚-4-磺酸钠盐）做指示剂，与钙和镁生成紫红或紫色溶液。滴定中，游离的钙离子和镁离子首先与 EDTA 反应，跟指示剂络合的钙离子和镁离子随后与 EDTA 反应，到达终点时溶液的颜色由紫色变为天蓝色。

三、仪器与试剂
（一）仪器
常用的实验室仪器（锥形瓶、烧杯、量筒等）及滴定管（50mL，分刻度至 0.10mL）。

（二）试剂
除另有说明外，分析中只使用公认的分析纯试剂和蒸馏水，或纯度与之相当的水。

（1）缓冲溶液（pH 值为 10）。

1）称取 1.25g EDTA 二钠镁（$C_{10}H_{12}N_2O_8Na_2Mg$）和 16.9g 氯化铵（NH_4Cl）溶于 143mL 的氨水（$NH_3 \cdot H_2O$）中，用水稀释至 250mL。因各地试剂质量有出入，配好的溶液应按方法 2）进行检查和调整。

2）如无 EDTA 二钠镁，可先将 16.9g 氯化铵溶于 143mL 氨水。另取 0.78g 硫酸镁（$MgSO_4 \cdot 7H_2O$）和 1.179g EDTA 二钠二水合物（$C_{10}H_{12}N_2O_8Na_2Mg \cdot 2H_2O$）溶于 50mL 水，加入 2mL 配好的氯化铵、氨水溶液和 0.2g 左右铬黑 T 指示剂干粉（4）。此时溶液应呈紫红色，如出现天蓝色，应再加入极少量硫酸镁使之变为紫红色。逐滴加入 EDTA 二钠标准溶液（2），直至溶液由紫红转变为天蓝色（切勿过量）。将两溶液合并，加蒸馏水定容至 250mL。如果合并后，溶液又转为紫色，说明试剂中含有少量钙离子、镁离子，因此在计算结果时应消除试剂所导致的影响，需减去试剂空白。

（2）EDTA 二钠标准溶液：约 10mmol/L。将一份 EDTA 二钠二水合物在 80℃ 干燥 2h，放入干燥器中冷至室温，称取 3.725g 溶于水，在容量瓶中定容至 1000mL，盛放在聚乙烯瓶中，定期校对其浓度。

(3) 钙标准溶液：10mmol/L。将一份碳酸钙（$CaCO_3$）在 150℃ 干燥 2h，取出放在干燥器中冷至室温，称取 1.001g 置于 500mL 锥形瓶中，用水润湿。逐滴加入 4mol/L 盐酸至碳酸钙全部溶解，避免滴入过量酸。加 200mL 水，煮沸数分钟赶除二氧化碳，冷至室温，加入数滴甲基红指示剂溶液（0.1g 溶于 100mL 60％乙醇），逐滴加入 3mol/L 氨水至变为橙色，在容量瓶中定容至 1000mL。此溶液 1.00mL 含 0.4008mg（0.01mmol）钙。

(4) 铬黑 T 指示剂。将 0.5g 铬黑 T 溶于 100mL 三乙醇胺 [$N(CH_2CH_2OH)_3$]，可最多用 25mL 乙醇代替三乙醇胺以降低溶液的黏性，盛放在棕色瓶中。或者，配成铬黑 T 指示剂干粉，称取 0.5g 铬黑 T 与 100g 氯化钠（NaCl，GB/T 1266—2006《化学试剂 氯化钠》）充分混合，研磨后通过 40～50 目，盛放在棕色瓶中，紧塞。

(5) 氢氧化钠溶液：2mol/L 溶液。将 8g 氢氧化钠（NaOH）溶于 100mL 新鲜蒸馏水中，盛放在聚乙烯瓶中，避免空气中二氧化碳的污染。

四、实验步骤

(一) 样品

1. 样品采集与保存

参照项目二的相关内容采集样品。

采样后要尽快在 24h 内分析。

2. 样品预处理

一般样品不需预处理。如样品中存在大量微小颗粒物，需在采样后尽快用 0.45μm 孔径过滤器过滤。样品经过滤，可能有少量钙和镁被滤除。

注：(1) 试样中钙和镁总量超出 3.6mmol/L 时，应稀释至低于此浓度，记录稀释因子 F。

(2) 如试样经过酸化保存，可用计算量的氢氧化钠溶液（5）中和。计算结果时，应把样品或试样由于加酸或碱的稀释考虑在内。

(二) 检测步骤

1. 标准曲线/标定

用钙标准溶液（3）标定 EDTA 二钠标准溶液（2）。取 20.0mL 钙标准溶液（3）稀释至 50mL。

计算 EDTA 二钠溶液的浓度 C(mmol/L)：

$$C = \frac{C_2 V_2}{V_1}$$

式中 C_2——钙标准溶液（3）的浓度，mmol/L；

V_2——钙标准溶液的体积，mL；

V_1——标定中消耗的 EDTA 二钠溶液体积，mL。

2. 测定

(1) 用移液管吸取 50.0mL 试样于 250mL 锥形瓶中，加 4mL 缓冲溶液（1）

和 3 滴铬黑 T 指示剂溶液或 50~100mg 铬黑 T 指示剂干粉（4），此时溶液应呈紫红或紫色，其 pH 值应为 10.0±0.1。

（2）为防止产生沉淀，应立即在不断振摇下，自滴定管加入 EDTA 二钠标准溶液（2），开始滴定时速度宜稍快，接近终点时应稍慢，并充分振摇。最好每滴间隔 2~3s，溶液的颜色由紫红或紫色逐渐转为蓝色，最后一点紫的色调消失，刚出现天蓝色时即为终点，整个滴定过程应在 5min 内完成。

（3）记录消耗的 EDTA 二钠标准溶液毫升数。

注：（1）如试样含铁离子为 30mg/L 或以下，在临滴定前加入 250mg 氰化钠或数毫升三乙醇胺掩蔽。氰化物使锌、铜、钴的干扰减至最小。加氰化物前必须保证溶液呈碱性。

（2）试样如含正磷酸盐和碳酸盐，在滴定的 pH 值条件下，可能使钙生成沉淀，一些有机物可能干扰测定。

（3）如上述干扰未能消除，或存在铝、钡、铅、锰等离子干扰，需改用原子吸收法测定。

3. 空白样品

用等量的水代替样品，按步骤 2 测定，记录下消耗的 EDTA 二钠标准溶液毫升数。

五、实验数据记录及处理

(一) 结果计算与表示

1. 结果计算步骤

总硬度[钙和镁总量 C(mmol/L)]用下式计算：

$$C=\frac{C_1 V_1}{V_0}$$

式中　C_1——EDTA 二钠溶液浓度，mmol/L；
　　　V_1——滴定中消耗 EDTA 二钠溶液的体积，mL；
　　　V_0——试样体积，mL。

如试样经过稀释，采用稀释因子 F 修正计算。

总硬度 M(mg/L) 用下式计算：

$$M = C \times 100.1$$

式中　C——钙和镁总量的浓度，mmol/L。

注：（1）1mmol/L 的钙、镁总量相当于 100.1mg/L 以 $CaCO_3$ 表示的硬度。

（2）如所用试样经过稀释，应采用稀释因子 F 修正计算。

2. 结果表示要求

实验结果保留到小数点后 1 位。

(二) 撰写实验报告及实验记录表

总硬度测定原始记录表见表 3-13。

表 3-13   **总硬度测定原始记录表**

测定方法								
仪器名称		碳酸钙基准溶液浓度/(mmol/L)			EDTA 二钠标准溶液浓度/(mmol/L)			
序号	样品编号	取样体积/mL	稀释倍数	稀释后取样体积/mL	EDTA 二钠标准溶液消耗量/mL			样品浓度/(mg/L)
					终读	始读	用量	
1	空白							
2	标定							
3	样品 1							
4	样品 2							
5	样品 3							
6	样品 4							
7	样品 5							

计算公式：

实验人：   实验时间：

六、思考与讨论

（1）总硬度、碳酸盐硬度、非碳酸盐硬度的定义分别是什么？

（2）钙与总硬度的关系是什么？

任务十一 水中碱度（总碱度、重碳酸盐和碳酸盐）
——酸碱滴定法

酸碱滴定法适用于一般非浑浊、低色度地表水中总碱度（重碳酸盐、碳酸盐）的测定。其只适用于仅含有氢氧化物、重碳酸盐、碳酸盐碱度的样品，参照标准为《碱度（总碱度、重碳酸盐和碳酸盐）的测定（酸滴定法）》（SL 83—1994）。

一、实验目的
（1）掌握总碱度、重碳酸盐、碳酸盐的测定方法与原理。
（2）了解酸滴定法的基本原理和操作流程。

二、实验原理
水样用标准酸溶液滴定至规定的pH值，其终点由加入的酸碱指示剂在该pH值时颜色的变化来判断。当滴定至酚酞指示剂由红色变为无色时，溶液pH值即为8.3，指示水中氢氧根离子已被中和，碳酸盐均变为重碳酸盐；当滴定至甲基橙指示剂由淡橘黄色变成橘红色时，溶液的pH值为4.4～4.5，指示水中的重碳酸盐（包括原有的和由碳酸盐转化成的）已被中和。根据到达上述两个终点时所消耗的盐酸标准滴定溶液的量，计算出水中碳酸盐、重碳酸盐含量及总碱度。

三、仪器与试剂
（一）仪器
常用的实验室仪器（锥形瓶、烧杯、量筒、容量瓶等）及酸式滴定管（25mL）。

（二）试剂
（1）无二氧化碳水。用于制备标准溶液及稀释用的蒸馏水或去离子水，临用前煮沸15min，冷却至室温，pH值应大于6.0，电导率小于0.2mS/m。

（2）酚酞指示剂。称取0.5g酚酞溶于100mL 95%乙醇中，用0.1mol/L氢氧化钠溶液滴至出现淡红色。

（3）甲基橙指示剂。称取0.1g甲基橙溶于100mL蒸馏水中。

（4）碳酸钠基准溶液：$C(1/2Na_2CO_3)=0.0250mol/L$。称取1.3249g（于180℃烘干2h）的基准无水碳酸钠，溶于少量二氧化碳水中，移入1000mL容量瓶中，用水稀释至标线，摇匀。

注：储于聚乙烯瓶中，保存时间不要超过一周。

（5）盐酸标准滴定溶液：$C(HCl)$约为0.0250mol/L。

用分度吸管吸取2.1mL浓盐酸（$\rho=1.19g/mL$），并用无二氧化碳水稀释至1000mL，此溶液浓度约为0.0250mol/L。

四、实验步骤
（一）样品
1. 样品采集与保存
参照项目二的相关内容采集样品。

2. 样品预处理

水样浑浊、有色均干扰测定,应用电位滴定法测定。能使指示剂提色的氧化物也干扰测定。如样品中余氯破坏指示剂,应加入1~2滴0.1mol/L硫代硫酸钠消除。

(二) 检测步骤

1. 标准曲线/标定

用分度吸管吸取25.00mL碳酸钠基准溶液于250mL锥形瓶中,加无二氧化碳水稀释至约100mL,加入3滴甲基橙指示剂,用盐酸标准滴定溶液滴定至由橘黄色刚变成淡橘红色,记录盐酸标准滴定溶液用量。按下式计算其准确浓度:

$$C=\frac{25.00\times0.0250}{V}$$

式中 C——盐酸标准滴定溶液浓度,mol/L;

V——盐酸标准滴定溶液用量,mL。

2. 测定

(1) 分取100mL水样于250mL锥形瓶中作为试样,加入4滴酚酞指示剂(2),摇匀。

(2) 当试样呈红色时,用盐酸标准滴定溶液(5)滴定至刚刚褪至无色,记录盐酸标准滴定溶液(5)用量。

注:若加酚酞指示剂后试样无色,则不需用盐酸标准滴定溶液滴定,并接着进行下项操作。

(3) 向上述锥形瓶中加入3滴甲基橙指示剂(3),摇匀。继续用盐酸标准滴定溶液滴定试样由橘黄色刚刚变为淡橘红色,记录盐酸标准滴定溶液(5)用量。

3. 空白样品

用等量的水代替样品,按步骤2测定,记录下消耗的盐酸标准滴定溶液毫升数。

五、实验数据记录及处理

(一) 结果计算与表示

1. 结果计算步骤

对于多数天然水样,碱性化合物在水中所产生的碱度,有五种情形,为说明方便,以酚酞作为指示剂时,滴定至颜色变化所消耗盐酸标准溶液的量为P(mL),以甲基橙作为指示剂时盐酸标准滴定溶液用量为M(mL),T为盐酸标准滴定溶液总消耗量,则水中的碱度组成见表3-14。

表3-14 水中的碱度组成

滴定结果	氢氧化物碱度	碳酸盐碱度	重碳酸盐碱度
$P=T$	P	0	0
$P>1/2T$	$P-M$	$2M$	0
$P=1/2T$	0	$2P$	0
$P<1/2T$	0	$2P$	$M-P$
$P=0$	0	0	M

(1) 当 $P = T$ 时：

$$A = A_1 = \frac{C \times P \times 50.05}{V} \times 1000$$

式中　A——水中的总碱度，$CaCO_3$ mg/L；
　　　A_1——氢氧化物碱度，$CaCO_3$ mg/L；
　　　V——测定时标准滴定溶液体积，mL；
　　　C——盐酸标准滴定溶液浓度，mol/L；
　　　50.05——碳酸钙（$1/2CaCO_3$）摩尔质量，g/mol。

(2) 当 $P > 1/2T$ 时：

$$A = \frac{C \times (P+M) \times 50.05}{V} \times 1000$$

$$A_1 = \frac{C \times (P-M) \times 50.05}{V} \times 1000$$

$$A_2 = \frac{2C \times M \times 50.05}{V} \times 1000$$

$$C_1(1/2CaCO_3) = \frac{2C \times M}{V} \times 1000$$

式中　A_2——碳酸盐碱度，$CaCO_3$ mg/L；
　　　C_1——碳酸盐浓度，mmol/L。

(3) 当 $P = 1/2T$ 时：

$$A = A_1 = \frac{2C \times P \times 50.05}{V} \times 1000$$

$$C(1/2CaCO_3) = \frac{2C \times P}{V} \times 1000$$

(4) 当 $P < 1/2T$ 时：

$$A = \frac{C \times (P-M) \times 50.05}{V} \times 1000$$

$$A_2 = \frac{2C \times P \times 50.05}{V} \times 1000$$

$$C_1(1/2CaCO_3) = \frac{2C \times P}{V} \times 1000$$

$$A_3 = \frac{C \times (P-M) \times 50.05}{V} \times 1000$$

$$C_2(HCO_3^-) = \frac{C \times (P-M)}{V} \times 1000$$

式中　A_3——重碳酸盐碱度，$CaCO_3$ mg/L；
　　　C_2——酸盐浓度，mmol/L。

(5) 当 $P = 0$ 时：

$$A = A_2 = \frac{C \times M \times 50.05}{V} \times 1000$$

$$C_2(\text{HCO}_3^-) = \frac{C \times M}{V} \times 1000$$

2. 结果表示要求

实验结果保留到小数点后 1 位。

(二) 撰写实验报告及实验记录表

总碱度测定原始记录表见表 3-15。

表 3-15 总碱度测定原始记录表

测定方法								
仪器名称		碳酸钠基准溶液浓度/(mol/L)			盐酸标准滴定溶液浓度/(mol/L)			
序号	样品编号	取样体积/mL	稀释倍数	稀释后取样体积/mL	盐酸标准溶液消耗量/mL			样品浓度/(mg/L)
					终读	始读	用量	
1	空白							
2	标定							
3	样品 1							
4	样品 2							
5	样品 3							
6	样品 4							
7	样品 5							
计算公式：								
实验人：			实验时间：					

六、思考与讨论

(1) 总碱度的定义是什么？由什么组成？

(2) 以酚酞作为指示剂时，滴定至颜色变化所消耗盐酸标准滴定溶液的量为 10.00mL，以甲基橙作为指示剂时盐酸标准滴定溶液用量为 5.00mL，请计算碳酸盐浓度。

任务十二　水中硫化物的测定——分光光度法

分光光度法适用于地表水、地下水、生活污水、工业废水和海水中硫化物的测定，参照标准为《水质　硫化物的测定　亚甲基蓝分光光度法》（HJ 1226—2021）。

一、实验目的
（1）熟悉水中硫化物酸化-蒸馏-吸收的预处理方法。
（2）学会水中硫化物的分光光度法的测定原理和流程。
（3）学会紫外可见分光光度计的操作方法，以及标准曲线的绘制。

二、实验原理
样品中的硫化物经酸化、加热蒸馏后，产生的硫化氢用氢氧化钠溶液吸收，生成的硫离子在硫酸铁铵酸性溶液中与N，N-二甲基对苯二胺反应，生成亚甲基蓝，于665nm波长处测定其吸光度，硫化物含量与吸光度值成正比。

三、仪器与试剂
（一）仪器
（1）酸化-蒸馏-吸收装置，如图3-2所示。

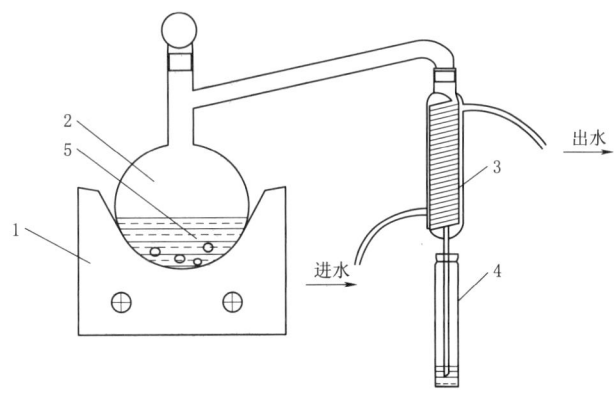

图3-2　酸化-蒸馏-吸收装置
1—加热装置；2—500mL蒸馏瓶；3—冷凝管；4—100mL吸收管（比色管）；5—防爆玻璃珠

（2）吸收管：100mL具塞比色管。
（3）紫外可见分光光度计：具10mm光程比色皿。

（二）试剂
（1）除氧去离子水：通过离子交换柱制得去离子水，以200～300mL/min的速度通氮气约20min，使水中氮气饱和，以除去水中溶解氧。制备的除氧去离子水应立即密封，并存放于玻璃瓶内，临用现制。
（2）盐酸溶液：量取250mL浓盐酸缓慢注入250mL水中，冷却。
（3）乙酸锌溶液（$c[Zn(CH_3COO)_2]=1mol/L$）：称取220g乙酸锌，溶于

1000mL水中，若浑浊需过滤后使用。

（4）氢氧化钠溶液（$\rho(\text{NaOH})=10\text{g/L}$）：称取10.0g氢氧化钠溶于1000mL水中，摇匀。

（5）抗氧化剂溶液：称取4.0g抗坏血酸、0.2g乙二胺四乙酸二钠、0.6g氢氧化钠溶于100mL水中，摇匀并储存于棕色试剂瓶中，临用现制。

（6）N,N-二甲基对苯二胺溶液（$\rho[\text{NH}_2\text{C}_6\text{H}_4\text{N}(\text{CH}_3)_2 \cdot 2\text{HCl}]=2\text{g/L}$）：称取2.0gN,N-二甲基对苯二胺盐酸盐溶于700mL水中，缓慢加入200mL硫酸，冷却后用水稀释至1000mL，摇匀。此溶液室温下储存于密闭的棕色瓶内，可稳定3个月。

（7）硫酸铁铵溶液（$\rho[\text{Fe}(\text{NH}_4)(\text{SO}_4)_2 \cdot 12\text{H}_2\text{O}]=100\text{g/L}$）：称取25.0g硫酸铁铵溶于100mL水中，缓慢加入5.0mL硫酸，冷却后用水稀释至250mL，摇匀。溶液如出现不溶物，应过滤后使用。

（8）硫化物标准溶液：购买市售有证标准物质，也可自行配制（自行配制方法详见HJ 1226—2021《水质 硫化物的测定 亚甲基蓝分光光度法》的附录A）。

（9）硫化物标准使用液：$\rho(\text{S}^{2-})=10.00\text{mg/L}$。将一定量硫化物标准溶液移入已加入2.0mL氢氧化钠溶液和适量除氧去离子水的100mL棕色容量瓶中，用除氧去离子水定容，配制成含硫离子浓度为10.00mg/L的硫化物标准使用液，临用现制。

四、实验步骤

(一) 样品

1. 样品采集与保存

采样时，采样瓶中先加入乙酸锌溶液，再加水样近满瓶，然后依次加入氢氧化钠溶液和抗氧化剂溶液，加塞后不留液上空间。通常每升水样加入2mL乙酸锌溶液、1mL氢氧化钠溶液和2mL抗氧化剂溶液。硫化物含量较高时，应继续滴加乙酸锌溶液直至沉淀完全。固定后样品于4d内测定。

2. 样品制备（"酸化-蒸馏-吸收"法）

量取200mL混匀的水样或适量样品加除氧去离子水稀释至200mL，迅速转移至500mL蒸馏瓶中，再加入5mL抗氧化剂溶液，轻轻摇动，加数粒玻璃珠。量取20.0mL氢氧化钠溶液于100mL吸收管中作为吸收液，插入馏出液导管至吸收液液面以下，以保证吸收完全。打开冷凝水，向蒸馏瓶中迅速加入10mL盐酸溶液，立即盖紧塞子，打开温控电炉，调节到适当的加热温度，以2~4mL/min的馏出速度蒸馏。当吸收管中的溶液体积达到约60mL时，撤下蒸馏瓶，取下吸收管，停止蒸馏。用少量除氧去离子水冲洗馏出液导管，并入吸收液中，待测。

(二) 检测步骤

1. 标准曲线

取6支吸收管，各加入20mL氢氧化钠吸收液，分别量取0.00、0.50、1.00、2.00、4.00、7.00mL硫化物标准使用溶液移入吸收管，加除氧去离子水至约60mL，沿吸收管壁缓慢加入10mL N,N-二甲基对苯二胺溶液，立即盖塞并缓慢倒转一次。拔塞，沿吸收管壁缓慢加入1mL硫酸铁铵溶液，立即盖塞并充分摇匀。放置10min后，用除氧去离子水定容至标线，摇匀。

使用10mm光程比色皿，以除氧去离子水作为参比，在波长665nm处测量吸光度。以硫化物的含量（μg）为横坐标，以扣除零浓度点后的吸光度值为纵坐标，绘制高浓度标准曲线。

2. 样品测定

在经"酸化-蒸馏-吸收"后的吸收管中（接上述"样品制备"的步骤）缓慢加入10mL N,N-二甲基对苯二胺溶液，立即盖塞并缓慢倒转一次。拔塞，沿吸收管壁缓慢加入1mL硫酸铁铵溶液，立即盖塞并充分摇匀。放置10min后，用除氧去离子水定容至标线，摇匀。

使用10mm光程比色皿，以除氧去离子水作为参比，在波长665nm处测量吸光度。

五、实验数据记录及处理

（一）结果计算与表示

1. 结果计算步骤

样品中硫化物的浓度$\rho(S^{2-})$按照下列公式进行计算：

$$\rho(S^{2-}) = \frac{A - A_0 - a}{b \times V}$$

式中 $\rho(S^{2-})$——样品中硫化物的浓度，mg/L；

A——试样的吸光度；

A_0——空白试样的吸光度；

a——标准曲线的截距；

b——标准曲线的斜率；

V——试样的体积，mL。

2. 结果表示要求

测定结果最多保留3位有效数字，小数点后位数与检出限一致。[当取样体积为200mL，使用10mm光程比色皿时，方法检出限为0.01mg/L]

（二）撰写实验报告及实验记录表

硫化物测定原始记录表见表3-16。

表3-16　　　　　　　　　硫化物测定原始记录表

测定方法							
仪器名称							
标液浓度		选用波长			比色皿规格		
工作曲线编号	标样体积/mL	定容体积/mL	吸光度				含量/mg
			Ⅰ	Ⅱ	平均值A	减空白	
1							
2							

续表

工作曲线编号	标样体积 /mL	定容体积 /mL	吸光度				含量 /mg
			Ⅰ	Ⅱ	平均值 A	减空白	
3							
4							
5							
6							
7							
8							
标准曲线方程			截距 a:	斜率 b:	相关系数 r:		

样品名称	取样体积 /mL	定容体积 /mL	吸光度				含量 /(mg/L)
			Ⅰ	Ⅱ	平均值 A	减空白	
计算公式:							

实验人:　　　　　　　　实验时间:

六、思考与讨论

（1）测定水中硫化物主要的干扰物有哪些？

（2）当加入碘液和硫酸后，如果水样是无色的，那说明硫化物的含量较高还是较低？应适当补加什么溶液？使呈棕黄色为止。

任务十三　水质总氮的测定——碱性过硫酸钾消解紫外分光光度法

碱性过硫酸钾消解紫外分光光度法适用于地表水、地下水、工业废水和生活污水中总氮的测定，参照标准为《水质　总氮的测定　碱性过硫酸钾消解紫外分光光度法》（HJ 636—2012）。

一、实验目的

生活污水、农田排水和含氮工业废水排到水体中，会使水体中的有机氮和各种无机氮化物含量增加，水体中大量的氮、磷使得浮游植物生长旺盛，出现富营养化现象，同时，生物大量繁殖消耗水中的溶解氧，会使水体质量恶化，总氮是衡量水质的重要指标之一。

通过学习本任务，掌握用碱性过硫酸钾消解紫外分光光度法测定总氮的基本原理和操作过程，掌握紫外可见分光光度计的使用方法和标准曲线的绘制方法。

二、实验原理

在120～124℃下，碱性过硫酸钾溶液使样品中含氮化合物的氮转化为硝酸盐，采用紫外分光光度法于波长220nm和275nm处，分别测定吸光度A_{220}和A_{275}，按式（3-1）计算校正吸光度A，总氮（以N计）含量与校正吸光度A成正比。

$$A = A_{220} - 2A_{275} \quad (3-1)$$

三、仪器与试剂

（一）仪器

(1) 紫外可见分光光度计：具10mm石英比色皿。

(2) 高压蒸汽灭菌器：最高工作压力不低于1.1～1.4kg/cm^2；最高工作温度不低于120～124℃。

(3) 具塞磨口玻璃比色管：25mL。

(4) 一般实验室常用仪器和设备。

（二）试剂

(1) 碱性过硫酸钾溶液：称取40.0g过硫酸钾溶于600mL水中（可置于50℃水浴中加热至全部溶解）；另称取15.0g氢氧化钠溶于300mL水中。待氢氧化钠溶液冷却至室温后，混合两种溶液定容至1000mL，存放于聚乙烯瓶中，可保存一周。

(2) 盐酸溶液：体积比1+9。

(3) 硝酸钾标准储备液，$\rho(N)=100$mg/L：称取0.7218g硝酸钾溶于适量水，移至1000mL容量瓶中，用水稀释至标线，混匀。加入1～2mL三氯甲烷作为保护剂，在0～10℃暗处保存，可稳定6个月。也可直接购买市售有证标准溶液。

(4) 硝酸钾标准使用液，$\rho(N)=10.0$mg/L：量取10.00mL硝酸钾标准储备液移至100mL容量瓶中，用水稀释至标线，混匀，临用现配。

(5) 浓硫酸：$\rho(H_2SO_4)=1.84$g/mL。

(6) 硫酸溶液：体积比 1+35。

(7) 氢氧化钠溶液，$\rho(NaOH)=200g/L$：称取 20.0g 氢氧化钠溶于少量水中，稀释至 100mL。

(8) 氢氧化钠溶液，$\rho(NaOH)=20g/L$：量取 200g/L 的氢氧化钠溶液 10.0mL，用水稀释至 100mL。

四、实验步骤

(一) 样品

1. 样品采集与保存

参照项目二的相关内容采集样品。将采集好的样品储存在聚乙烯瓶或硬质玻璃瓶中，用浓硫酸（5）调节 pH 值至 1~2。其常温下可保存 7d；储存在聚乙烯瓶中，−20℃冷冻，可保存 1 个月。若样品在 24h 内进行检测，可采用原水样进行测定。

2. 样品预处理

取适量样品用 20g/L 氢氧化钠溶液（8）或 1+35 硫酸溶液（6）调节 pH 值至 5~9，待测。

(二) 检测步骤

1. 标准曲线的绘制

(1) 分别量取 0.00、0.20、0.50、1.00、3.00、7.00mL 硝酸钾标准使用液（4）于 25mL 具塞磨口玻璃比色管中，其对应的总氮（以 N 计）含量分别为 0.00、2.00、5.00、10.0、30.0、70.0μg。

(2) 加水稀释至 10.00mL，再加入 5.00mL 碱性过硫酸钾溶液（1），塞紧管塞，用纱布和线绳扎紧管塞，以防弹出。将比色管置于高压蒸汽灭菌器中，加热至顶压阀吹气，关阀，继续加热至 120℃ 开始计时，保持温度在 120~124℃ 之间 30min。自然冷却、开阀放气，移去外盖，取出比色管冷却至室温，按住管塞将比色管中的液体颠倒混匀 2~3 次。（若比色管在消解过程中出现管口或管塞破裂，应重新取样分析）

(3) 每个比色管分别加入 1.0mL 1+9 盐酸溶液（2），用水稀释至 25mL 标线，盖塞混匀。使用 10mm 石英比色皿，在紫外可见分光光度计上，以水作为参比，分别于波长 220nm 和 275nm 处测定吸光度。零浓度的校正吸光度 A_b、其他标准系列的校正吸光度 A_s 及其差值 A_r，按式（3-2）、式（3-3）和式（3-4）进行计算。以总氮（以 N 计）含量（μg）为横坐标，对应的 A_r 值为纵坐标绘制校准曲线。

$$A_b = A_{b_{220}} - 2A_{b_{275}} \tag{3-2}$$

$$A_s = A_{s_{220}} - 2A_{s_{275}} \tag{3-3}$$

$$A_r = A_s - A_b \tag{3-4}$$

式中 A_b——零浓度（空白）溶液的校正吸光度；

$A_{b_{220}}$——零浓度（空白）溶液于波长 220nm 处的吸光度；

$A_{b_{275}}$——零浓度（空白）溶液于波长 275nm 处的吸光度；

A_s——标准溶液的校正吸光度；

$A_{s_{220}}$——标准溶液于波长 220nm 处的吸光度;

$A_{s_{275}}$——标准溶液于波长 275nm 处的吸光度;

A_r——标准溶液校正吸光度与零浓度(空白)溶液校正吸光度的差。

2. 测定

量取 10.00mL 试样于 25mL 具塞磨口玻璃比色管中,按照标准曲线测定步骤进行测定。

3. 空白样品

用 10.00mL 水代替试样,按照标准曲线测定步骤进行测定。

五、实验数据记录及处理

(一)结果计算与表示

1. 结果计算步骤

参照式(3-2)~式(3-4)计算试样校正吸光度和空白试验校正吸光度差值 A_r,样品中总氮的质量浓度 ρ(mg/L)按式(3-5)进行计算:

$$\rho = \frac{(A_r - a) \times f}{bV} \tag{3-5}$$

式中 ρ——样品中总氮(以 N 计)的质量浓度,mg/L;

A_r——试样的校正吸光度与空白试验校正吸光度的差值;

a——校准曲线的截距;

b——校准曲线的斜率;

V——试样体积,mL;

f——稀释倍数。

2. 结果表示要求

当测定结果小于 1.00mg/L 时,保留到小数点后 2 位;大于等于 1.00mg/L 时,保留 3 位有效数字。

(二)撰写实验报告及实验记录表

总氮测定原始记录表见表 3-17。

表 3-17　　　　　　　总氮测定原始记录表

测定方法							
仪器名称							
标液浓度		选用波长			比色皿规格		
工作曲线编号	标样体积 /mL	定容体积 /mL	吸光度				含量 /μg
			A_{220}	A_{275}	$A_{220}-2A_{275}$	减空白	
1							
2							
3							
4							
5							

续表

工作曲线编号	标样体积/mL	定容体积/mL	吸光度				含量/μg
			A_{220}	A_{275}	$A_{220}-2A_{275}$	减空白	
6							
7							
标准曲线方程				截距 a:	斜率 b:	相关系数 r:	

样品名称	取样体积/mL	定容体积/mL	吸光度				含量/(mg/L)
			A_{220}	A_{275}	$A_{220}-2A_{275}$	减空白	
样品 1							
样品 2							
样品 3							
样品 4							
样品 5							
计算公式：							

实验人：　　　　　　　　　　实验时间：

六、思考与讨论

（1）简述碱性过硫酸钾溶液的配制过程和注意事项。

（2）影响空白试验的因素主要是什么？

任务十四　水质总磷的测定——钼酸铵分光光度法

钼酸铵分光光度法适用范围为地面水、污水和工业废水等，参照标准为《水质总磷的测定　钼酸铵分光光度法》（GB/T 11893—1989）。

一、实验目的
（1）掌握总磷的测定方法与原理。

总磷包括水溶解的、悬浮的有机磷和无机磷，因此将未过滤的样品消解。

将水中各形态磷转化成可溶态的无机磷酸盐的消解方法很多。本任务选用过硫酸钾消解。

（2）了解水体中过量的磷对水环境的影响。

磷是水富营养化的关键元素。为了保护水质、控制危害，在水环境检测中总磷已经列入《地表水环境质量标准》（GB 3838—2002）评价监测项目。

二、实验原理
在中性条件下用过硫酸钾使试样消解，将所含磷全部氧化为正磷酸盐。在酸性介质中，正磷酸盐与钼酸铵反应，在锑盐存在下生成磷钼杂多酸后，立即被抗坏血酸还原，生成蓝色的络合物。

三、仪器与试剂
（一）仪器
（1）医用手提式蒸汽消毒器或一般压力锅（规格：$1.1\sim1.4kg/cm^2$）。

（2）50mL具塞（磨口）刻度管。

（3）紫外可见分光光度计。

注：所有玻璃器皿均应用稀盐酸或稀硝酸浸泡。

（二）试剂
除另有说明外，均应使用符合国家标准或专业标准的分析试剂和蒸馏水或同等纯度的水。

（1）硫酸溶液，$\rho(H_2SO_4)=1.84g/mL$，配制体积比为1+1的硫酸溶液。

（2）过硫酸钾溶液，50g/L溶液：将5g过硫酸钾（$K_2S_2O_8$）溶解于水，并稀释至100mL。

（3）抗坏血酸溶液，100g/L溶液：溶解10g抗坏血酸（$C_6H_8O_6$）于水中，并稀释至100mL。

注：此溶液储于棕色的试剂瓶中，在冷处可稳定几周。如不变色，可长时间使用。

（4）钼酸盐溶液：溶解13g钼酸铵$[(NH_4)_6Mo_7O_{24}\cdot 4H_2O]$于100mL水中。溶解0.35g酒石酸锑钾于100mL水中。在不断搅拌下把钼酸铵溶液徐徐加到300mL硫酸溶液（1）中，加酒石酸锑钾溶液并且混合均匀。

注：此溶液储存于棕色试剂瓶中，在冷处可保存2个月。

（5）磷标准储备溶液：称取（0.2197±0.001）g于110℃干燥2h在干燥器中放

冷的磷酸二氢钾（KH_2PO_4），用水溶解后转移至1000mL容量瓶中，加入大约800mL水、5mL硫酸溶液（1），用水稀释至标线并混匀。1.00mL此标准溶液含50.0μg磷。

注：本溶液在玻璃瓶中可储存至少6个月。

（6）磷标准使用溶液：将10.0mL的磷标准储备溶液（5）转移至250mL容量瓶中，用水稀释至标线并混匀。1.00mL此标准溶液含2.0μg磷。

（7）氢氧化钠（NaOH）溶液，1mol/L或6mol/L溶液：将40g或240g氢氧化钠溶于水并稀释至1000mL。

注：使用当天配制。

四、实验步骤

(一) 样品

1. 样品采集与保存

参照项目二的相关内容采集样品。将采集好的样品储存在聚乙烯瓶中，加入1mL硫酸溶液（1）调节样品的pH值，使之低于或等于1。若样品在24h内进行监测，可采用原样品进行测定，不加任何试剂于冷处保存。

注：含磷量较低的样品，不要用塑料瓶采样，因磷酸盐易吸附在塑料瓶壁上。

2. 样品预处理

取适量样品用1mol/L或6mol/L氢氧化钠溶液或1+1硫酸溶液调节pH值至中性，待测。

(二) 检测步骤

1. 标准曲线/标定

（1）取7支具塞刻度管分别加入0.00、0.50、1.00、3.00、5.00、10.0、15.0mL磷标准使用溶液（6），加水至25mL。

3.9 水质总磷的测定——钼酸铵分光光度法（上）【视频】

（2）过硫酸钾消解：向7支具塞刻度管的试样中加4mL过硫酸钾溶液（2），将具塞刻度管的盖塞紧后，用一小块布和线将玻璃塞扎紧（或用其他方法固定），放在大烧杯中置于高压蒸汽消毒器中加热，待压力达$1.1kg/cm^2$，相应温度为120℃时，保持30min后停止加热。待压力表读数降至零后，取出放冷，用水稀释至标线。

（3）分别向各份消解液中加1mL抗坏血酸溶液（3）混匀，30s后加2mL钼酸盐溶液（4）充分混匀。

（4）室温下放置15min后，使用光程为30mm比色皿，在700nm波长下，以水做参比，测定吸光度。

注：如显色时室温低于13℃，在20～30℃水浴上显色15min即可。

2. 测定

以水做参比，测定吸光度。扣除空白试验的吸光度后，以对应的磷的含量绘制工作曲线。

3.10 水质总磷的测定——钼酸铵分光光度法（下）【视频】

3. 空白样品

用25.00mL水代替试样，按照标准曲线测定步骤进行测定。

五、实验数据记录及处理

(一) 结果计算与表示

1. 结果计算步骤

总磷含量以 C(mg/L) 表示,按下式计算:

$$C = \frac{m}{V}$$

式中　m——试样测得含磷量,μg;

　　　V——测定用试样体积,mL。

2. 结果表示要求

当测定结果小于 1.00mg/L 时,保留到小数点后 3 位;大于等于 1.00mg/L 时,保留 3 位有效数字。

(二) 撰写实验报告及实验记录表

总磷测定原始记录表见表 3-18。

表 3-18　　　　　　　　　　总磷测定原始记录表

测定方法						
仪器名称						
标液浓度		选用波长		比色皿规格		
工作曲线编号	标样体积/mL	定容体积/mL	吸光度		含量/μg	
			A_{700}	减空白		
1						
2						
3						
4						
5						
6						
7						
标准曲线方程:		截距 a:		斜率 b:	相关系数 r:	
样品名称	取样体积/mL	定容体积/mL	吸光度		含量/(mg/L)	
			A_{700}	减空白		
样品 1						
样品 2						
样品 3						
样品 4						
样品 5						
计算公式						
实验人:		实验时间:				

六、思考与讨论

（1）为什么把水的总磷列入必须监测项目？总磷中包括哪些形态的磷？

（2）总磷测定的原理是什么？实验过程中的氧化剂、还原剂、显色剂分别是哪些试剂？

任务十五　水质六价铬的测定——二苯碳酰二肼分光光度法

二苯碳酰二肼分光光度法适用于地面水和工业废水中六价铬的测定,参照标准为《水质 六价铬的测定 二苯碳酰二肼分光光度法》(GB/T 7467—1987)。

一、实验目的

铬是生物体所需的微量元素之一。铬的毒性与其存在价态有关,通常认为六价铬的毒性比三价铬高100倍,六价铬更易为人体吸收而且在体内积累,导致肝癌。因此我国已把六价铬规定为实施总量控制的指标之一。六价铬溶于水,在天然水体中,有氧时是稳定的,易被胶体颗粒吸附而沉淀,可降低其浓度。六价铬在厌氧条件下能还原为三价铬。三价铬在水中不稳定,可形成不溶于水的氢氧化铬沉淀,当水的pH值为7.02~9.8时,产生氢氧化铬沉淀多。水环境中六价铬质量浓度为0.1mg/L时即产生毒性,具有高度危害性和难治理性。因此监测水体中六价铬含量具有十分重要的意义。

通过本任务,可了解水质六价铬测定的意义和方法,掌握紫外可见分光光度计的使用、标准曲线的绘制,同时了解光谱法和朗伯-比尔定律在水环境监测分析中的应用案例。

二、实验原理

在酸性溶液中,六价铬与二苯碳酰二肼反应生成紫红色化合物,其最大吸收波长为540nm,吸光度与浓度的关系符合比尔定律。如果测定总铬,需先用高锰酸钾将水样中的三价铬氧化为六价,再用本法测定。

三、仪器与试剂

(一) 仪器

紫外可见分光光度计、比色管、比色管架、移液管、容量瓶、胖肚吸管、烧杯、洗耳球、洗瓶、废液瓶、口罩、橡胶手套。

(二) 试剂

蒸馏水或同等纯度的水。

(1) 1+1硫酸溶液。将硫酸(H_2SO_4,$\rho=1.84g/mL$,优级纯)缓缓加入同体积的水中,混匀。

注意:一定是酸加入水中,顺序不可颠倒,否则危险!

(2) 1+1磷酸溶液。将磷酸(H_3PO_4,$\rho=1.69g/mL$,优级纯)与水等体积混合。操作注意事项同硫酸溶液。

(3) 氢氧化钠溶液:4g/L氢氧化钠溶液。将1g氢氧化钠(NaOH)溶于水并稀释至250mL。

(4) 氢氧化锌共沉淀剂。

硫酸锌[8%(m/V)]溶液:称取硫酸锌($ZnSO_4 \cdot 7H_2O$)8g,溶于100mL水中。

氢氧化钠[2%(m/V)]溶液：称取2.4g氢氧化钠，溶于120mL水中。

用时将上述两溶液混合，即可得到氢氧化锌共沉淀剂。

(5) 高锰酸钾溶液：40g/L溶液。称取高锰酸钾（$KMnO_4$）4g，在加热和搅拌下溶于水，最后稀释至100mL。

(6) 铬标准储备液。称取于110℃干燥2h的重铬酸钾（$K_2Cr_2O_7$，优级纯）(0.2829±0.0001)g，用水溶解后，移入1000mL容量瓶中，用水稀释至标线，摇匀。此溶液1mL含0.10mg六价铬。

(7) 铬标准溶液。吸取5.00mL铬标准储备液(6)置于500mL容量瓶中，用水稀释至标线，摇匀。此溶液1mL含1.00μg六价铬（1mg/L）。使用当天配制此溶液。

(8) 丙酮：分析纯。

(9) 显色剂（Ⅰ）。称取二苯碳酰二肼（$C_{13}H_{14}N_4O$）0.2g，溶于50mL丙酮中，加水稀释至100mL，摇匀，储于棕色瓶，置冰箱中。其色变深后，不能使用。

(10) 显色剂（Ⅱ）。称取二苯碳酰二肼2g，溶于50mL丙酮中，加水稀释至100mL，摇匀。储于棕色瓶，置冰箱中。其色变深后，不能使用。

注：使用时要注意加入显色剂后立即摇匀，以免六价铬被还原。

四、实验步骤

(一) 样品

1. 样品采集与保存

实验室样品应该用玻璃瓶采集。采集时，加入氢氧化钠溶液(3)，调节样品pH值约为8。并在采集后尽快测定，如放置，不要超过24h。

2. 样品预处理

样品中不含悬浮物，是低色度的清洁地面水可直接测定；否则需进行如下处理。

(1) 样品有色但不太深时，进行色度校正：按测定步骤另取一份试样，以2mL丙酮代替显色剂，其他步骤同测定步骤。试份测得的吸光度扣除此色度校正吸光度后，再行计算。

(2) 对混浊、色度较深的样品，采用锌盐沉淀分离法进行预处理。

取适量样品（含六价铬少于100μg）于150mL烧杯中，加水至50mL。滴加氢氧化钠溶液(3)，调节溶液pH值为7~8。在不断搅拌下，滴加氢氧化锌共沉淀剂(4)至溶液pH值为8~9。将此溶液转移至100mL容量瓶中，用水稀释至标线。用慢速滤纸干过滤，弃去10~20mL初滤液，取其中50.0mL滤液供测定。

(二) 检测步骤

1. 标准曲线

向一系列50mL比色管中分别加入0、0.20、0.50、1.00、2.00、4.00、6.00、8.00、10.0mL铬标准溶液(7)，用蒸馏水稀释至标线。加入0.5mL硫酸溶液(1)和0.5mL磷酸溶液(2)，摇匀。加入2mL显色剂（Ⅰ）(9)，立即摇匀，5~10min后，在540nm波长处，用10mm或30mm的比色皿，以水做参比，测定吸光度。从测得的吸光度减去空白试验的吸光度后,绘制六价铬的量对吸光度的曲线。

注:紫外可见分光光度计的使用参照"水质浊度的测定"。

2. 测定

取无色透明试份样品,置于 50mL 比色管中,准确取至标线,此时样品体积为 50mL(若样品浓度较高,可做稀释处理:用移液管准确量取适量无色透明试份,置于 50mL 比色管中,用水稀释至标线)。加入 0.5mL 硫酸溶液(1)和 0.5mL 磷酸溶液(2),摇匀。加入 2mL 显色剂(Ⅰ)(9),摇匀,5~10min 后,在 540nm 波长处,用 10mm 或 30mm 的比色皿,以水做参比,测定吸光度,扣除空白试验测得的吸光度后,根据校准曲线计算六价铬含量。

注:如经锌盐沉淀分离,可直接加入显色剂测定。

本实验需进行空白测定:按同试样完全相同的处理步骤进行空白试验,仅用 50mL 水代替试样。

五、实验数据记录及处理

(一) 结果计算与表示

1. 结果计算步骤

六价铬含量 $C(\text{mg/L})$ 按下式计算:

$$C = \frac{m}{V}$$

式中　m——由校准曲线查得的试份含六价铬量,μg;
　　　V——试份的体积,mL。

2. 实验记录及结果表示要求

六价铬含量低于 0.1mg/L,结果以 3 位小数表示;六价铬含量高于 0.1mg/L,结果以 3 位有效数字表示。

(二) 撰写实验报告及实验记录表

六价铬实验记录表见表 3-19。

表 3-19　　　　　　　　　六价铬实验记录表

测定方法							
仪器名称							
标液浓度		选用波长		nm	比色皿规格		mm
工作曲线编号	标样体积 /mL	定容体积 /mL	吸光度				含量 /mg
			Ⅰ	Ⅱ	平均值 A	减空白	
1							
2							
3							
4							
5							

续表

工作曲线编号	标样体积/mL	定容体积/mL	吸光度				含量/mg
			Ⅰ	Ⅱ	平均值 A	减空白	
6							
7							
8							
标准曲线方程				截距 a：	斜率 b：	相关系数 r：	

样品名称	取样体积/mL	定容体积/mL	吸光度				含量/(mg/L)
			Ⅰ	Ⅱ	平均值 A	减空白	
计算公式：							

实验人：　　　　　　　　　实验时间：

六、思考与讨论

（1）用分光光度法测定六价铬时，加入磷酸的主要作用是什么？

（2）测定六价铬的器皿能否用重铬酸钾溶液洗涤？为什么？应使用什么洗涤剂洗涤为宜？

任务十六　水质氨氮的测定——纳氏试剂分光光度法

纳氏试剂分光光度法适用于地表水、地下水、生活污水和工业废水中氨氮的测定，参照标准为《水质 氨氮的测定 纳氏试剂分光光度法》（HJ 535—2009）。

一、实验目的

氨氮是指水中以游离氨（NH_3）和铵离子（NH_4^+）形式存在的氮，是水体中的一种耗氧污染物，会导致水体富营养化。水体中的氨氮含量较高时，还会对鱼类及某些水生生物有毒害作用。

通过学习本任务，掌握用纳氏试剂分光光度法测定氨氮的基本原理和操作过程，掌握紫外可见分光光度计的使用方法和标准曲线的绘制方法。

二、实验原理

以游离态的氨或氨离子等形式存在的氨氮与纳氏试剂反应生成淡红棕色络合物，该络合物的吸光度与氨氮含量成正比，于波长 420nm 处测量吸光度。

三、仪器与试剂

（一）仪器

紫外可见分光光度计；具 20mm 比色皿。

（二）试剂

(1) 硫代硫酸钠溶液，$\rho=3.5g/L$：称取 3.5g 硫代硫酸钠于水中，稀释至 1000mL。

(2) 淀粉-碘化钾试纸：称取 1.5g 可溶性淀粉于烧杯中，用少量水调成糊状，加入 200mL 沸水，搅拌混匀，放冷。加 0.50g 碘化钾（KI）和 0.50g 碳酸钠（Na_2CO_3），用水稀释至 250mL。将滤纸条浸渍后，取出晾干，于棕色瓶中密封保存。

(3) 硫酸锌溶液，$\rho=100g/L$：称取 10.0g 硫酸锌（$ZnSO_4 \cdot 7H_2O$）溶于水中，稀释至 100mL。

(4) 硼酸溶液，$\rho=20g/L$：称 20g 硼酸溶于水，稀释至 1L。

(5) 溴百里酚蓝指示剂，$\rho=0.5g/L$：称取 0.05g 溴百里酚蓝溶于 50mL 水中，加入 10mL 无水乙醇，用水稀释至 100mL。

(6) 氢氧化钠溶液，$\rho=250g/L$：称取 25g 氢氧化钠溶于水中，稀释至 100mL。

(7) 氢氧化钠溶液，$C(NaOH)=1mol/L$：称取 4g 氢氧化钠溶于水中，稀释至 100mL。

(8) 盐酸溶液，$C(HCl)=1mol/L$：取 8.5mL 盐酸于 100mL 容量瓶中，用水稀释至标线。

(9) 轻质氧化镁，不含碳酸盐：在 500℃下加热氧化镁，以除去碳酸盐。

(10) 氨氮标准储备溶液，$\rho_N = 1000\mu g/mL$：称取 3.8190g 氯化铵（NH_4Cl，优级纯，在 100~105℃ 干燥 2h），溶于水中，移入 1000mL 容量瓶中，稀释至标线，可在 2~5℃ 保存 1 个月。

(11) 氨氮标准工作溶液，$\rho_N = 10\mu g/mL$：吸取 5.00mL 氨氮标准储备溶液于 500mL 容量瓶中，稀释至刻度，临用前配制。

(12) 酒石酸钾钠溶液，$\rho = 500g/L$：称取 50.0g 酒石酸钾钠于 100mL 水中，加热煮沸以驱除氨，充分冷却后稀释至 100mL。

(13) 纳氏试剂，碘化汞-碘化钾-氢氧化钠（$HgI - KI - NaOH$）溶液：称取 16.0g 氢氧化钠，溶于 50mL 水中，冷至室温。称取 7.0g 碘化钾和 10.0 碘化汞，溶于水中，然后将此溶液在搅拌下缓慢加入上述 50mL 氢氧化钠溶液中，用水稀释至 100mL。储于聚乙烯瓶内，用橡皮塞或聚乙烯盖子盖紧，于暗处存放，有效期一年。

注：碘化汞为剧毒物质，避免经皮肤和口腔接触。

四、实验步骤

(一) 样品

1. 样品采集与保存

参照项目二的相关内容采集样品。水样采集在聚乙烯瓶或玻璃瓶内，要尽快分析。如需保存，应加硫酸使水样酸化至 pH<2，在 2~5℃ 下可保存 7d。

2. 样品预处理

(1) 除余氯。若样品中存在余氯，可加入适量的硫代硫酸钠溶液（1）去除。每加 0.5mL 可去除 0.25mg 余氯。用淀粉-碘化钾试纸（2）检验余氯是否除尽。

(2) 絮凝沉淀。100mL 样品中加入 1mL 硫酸锌溶液（3）和 0.1~0.2mL 氢氧化钠溶液（6），调节 pH 值约为 10.5，混匀，放置使之沉淀，倾取上清液分析。必要时，用经水冲洗过的中速滤纸过滤，弃去初滤液 20mL。也可对絮凝后样品离心处理。

(3) 预蒸馏。将 50mL 硼酸溶液（4）移入接收瓶内，确保冷凝管出口在硼酸溶液液面之下。分取 250mL 样品，移入烧瓶中，加几滴溴百里酚蓝指示剂（5），必要时，用 1mol/L 氢氧化钠溶液（7）或盐酸溶液（8）调整 pH 值至 6.0（指示剂呈黄色）~7.4（指示剂呈蓝色）之间，加入 0.25g 轻质氧化镁（9）及数粒玻璃珠，立即连接氮球和冷凝管。加热蒸馏，使馏出液速率约为 10mL/min，待馏出液达 200mL 时，停止蒸馏，加水定容至 250mL。

(二) 检测步骤

1. 标准曲线/标定

3.11 水质氨氮的测定——纳氏试剂分光光度法（上）【视频】

在 8 个 50mL 比色管中，分别加入 0.00、0.50、1.00、2.00、4.00、6.00、8.00、10.00mL 氨氮标准工作溶液（11），其所对应的氨氮含量分别为 0.0、5.0、10.0、20.0、40.0、60.0、80.0、100μg，加水至标线。加入 1.0mL 酒石酸钾钠溶液（12），摇匀，再加纳氏试剂（13）1.0mL，摇匀。放置 10min 后，在波长 420nm 下，用 20mm 比色皿，以水做参比，测量吸光度。

以空白校正后的吸光度为纵坐标，以其对应的氨氮含量（μg）为横坐标，绘制校准曲线。

2. 样品测定

(1) 清洁水样：直接取 50mL，按与校准曲线相同的步骤测量吸光度。

(2) 有悬浮物或色度干扰的水样：取经预处理的水样 50mL（若水样中氨氮浓度超过 2mg/L，可适当进行稀释），按与校准曲线相同的步骤测量吸光度。

注意：经过在酸性条件下煮沸方法预处理的水样，须加一定量 1mol/L 氢氧化钠溶液（7），调节水样至中性，用水稀释至 50mL 标线，再按与校准曲线相同的步骤测量吸光度。

3.12 水质氨氮的测定——纳氏试剂分光光度法（下）【视频】

3. 空白试验

用水代替水样，按与样品相同的步骤进行预处理和测定。

五、实验数据记录及处理

（一）结果计算与表示

水中氨氮的浓度按下式计算：

$$\rho_N = \frac{A_s - A_b - a}{bV}$$

式中　ρ_N——水样中氨氮的质量浓度，mg/L，以氮计；

　　　A_s——水样的吸光度；

　　　A_b——空白试验的吸光度；

　　　a——校准曲线的截距；

　　　b——校准曲线的斜率；

　　　V——试样的体积，mL。

（二）撰写实验报告及实验记录表

氨氮（含 N 计）测定原始记录表见表 3-20。

表 3-20　　　　　　　　氨氮（含 N 计）测定原始记录表

测定方法							
仪器名称							
标液浓度		选用波长			比色皿规格		
工作曲线编号	标样体积/mL	定容体积/mL	吸光度				含量/μg
			Ⅰ	Ⅱ	平均值 A	减空白	
1							
2							
3							
4							
5							
6							
7							
8							
标准曲线方程			截距 a：		斜率 b：	相关系数 r：	

续表

样品名称	取样体积 /mL	定容体积 /mL	吸光度				含量 /(mg/L)
			Ⅰ	Ⅱ	平均值 A	减空白	
样品 1							
样品 2							
样品 3							
样品 4							
样品 5							
计算公式:							
实验人:			实验时间:				

六、思考与讨论

（1）用纳氏试剂分光光度法测定氨氮时主要有哪些干扰？如何去除？

（2）纳氏试剂配制和使用过程中应注意什么？

任务十七　水质挥发酚的测定——4-氨基安替比林分光光度法

4-氨基安替比林分光光度法适用于测定地表水、地下水、饮用水、工业废水和生活污水中挥发酚，参照标准为《水质 挥发酚的测定 4-氨基安替比林分光光度法》（HJ 503—2009）。

一、实验目的

水中挥发酚指的是沸点在230℃以下的挥发性酚类化合物，是一种原生质毒，是实验室水质监测常见的指标之一，一般来源于石油化工、造纸业、工业冶炼等多个行业的化工废水，对于农作物、水中鱼类生物以及人体都有非常大的危害。

通过学习本任务，掌握用预蒸馏法进行水样预处理的流程，掌握用4-氨基安替比林分光光度法测定挥发酚的原理。

二、实验原理

用蒸馏法使挥发性酚类化合物蒸馏出，并与干扰物质和固定剂分离。由于酚类化合物的挥发速度是随馏出液体积而变化，因此，馏出液体积必须与试样体积相等。被蒸馏出的酚类化合物，于pH值为10.0±0.2介质中，在铁氰化钾存在下，与4-氨基安替比林反应生成橙红色的安替比林染料。显色后，在3min内，于510nm波长测定吸光度。

三、仪器与试剂

（一）仪器

（1）紫外可见分光光度计：具510nm波长，并配有光程为20mm的比色皿。

（2）一般实验室常用仪器。

（二）试剂

（1）pH试纸：1～14。

（2）硫酸亚铁（$FeSO_4 \cdot 7H_2O$）。

（3）磷酸溶液：1+9。

（4）硫酸铜（$CuSO_4 \cdot 5H_2O$）。

（5）甲基橙指示液：称取0.1g甲基橙溶于水，溶解后移入200mL容量瓶中，用水稀释至标线。

（6）氨水：$\rho(NH_3 \cdot H_2O) = 0.90 g/mL$。

（7）缓冲溶液，pH=10.7：称取20g氯化铵（NH_4Cl）溶于100mL氨水中，密塞，置冰箱中保存。为避免氨的挥发引起pH值改变，应注意在低温下保存，且取用后立即加塞盖严，并根据使用情况适量配制。

（8）4-氨基安替比林溶液：称取2g 4-氨基安替比林溶于水中，溶解后移入100mL容量瓶中，用水稀释至标线，必要时，可按下述步骤进行提纯，收集滤液后置冰箱中冷藏，可保存7d。

将100mL配制好的4-氨基安替比林溶液置于干燥烧杯中，加入10g硅镁型吸附剂（弗罗里硅土，60～100目，600℃烘制4h），用玻璃棒充分搅拌，静置片刻，将溶液在中速定量滤纸上过滤，收集滤液，置于棕色试剂瓶内，于4℃下保存。

（9）铁氰化钾溶液：称取8g铁氰化钾溶于水，溶解后移入100mL容量瓶中，用水稀释至标线。置冰箱内冷藏，可保存一周。

（10）精制苯酚：取苯酚（C_6H_5OH）于具有空气冷凝管的蒸馏瓶中，加热蒸馏，收集182～184℃的馏出部分，馏分冷却后应为无色晶体，储于棕色瓶中，于冷暗处密闭保存。

（11）酚标准储备液，$\rho(C_6H_5OH) \approx 1.00$g/L。称取1.00g精制苯酚，溶解于水，移入1000mL容量瓶中，用水稀释至标线。按以下方法进行标定。置冰箱内冷藏，可稳定保存1个月。

吸取10.0mL酚储备液于250mL碘量瓶中，加水稀释至100mL，加10.0mL 0.1mol/L溴酸钾-溴化钾溶液，立即加入5mL浓盐酸，密塞，徐徐摇匀，于暗处放置15min，加入1g碘化钾，密塞，摇匀，放置暗处5min，用硫代硫酸钠溶液滴定至淡黄色，加入1mL淀粉溶液，继续滴定至蓝色刚好褪去，记录用量。同时以水代替酚储备液做空白试验，记录硫代硫酸钠溶液用量。

酚储备液浓度按下式计算：

$$\rho = \frac{(V_1 - V_2) \times C \times 15.68}{V}$$

式中　ρ——酚储备液浓度，mg/L；

V_1——空白试验中硫代硫酸钠溶液的用量，mL；

V_2——滴定酚储备液时硫代硫酸钠溶液的用量，mL；

C——硫代硫酸钠溶液摩尔浓度，mol/L；

V——试样体积，mL；

15.68——苯酚（$1/6 C_6H_5OH$）摩尔质量，g/mol。

（12）酚标准中间液，$\rho(C_6H_5OH) = 10.0$mg/L。取适量酚标准储备液用水稀释至100mL容量瓶中，使用时当天配制。

（13）溴酸钾-溴化钾溶液：称取2.784g溴酸钾溶于水，加入10g溴化钾，溶解后移入1000mL容量瓶中，用水稀释至标线。

（14）盐酸：$\rho(HCl) = 1.19$g/mL。

（15）硫代硫酸钠溶液：称取3.1g硫代硫酸钠，溶于煮沸放冷的水中，加入0.2g碳酸钠，溶解后移入1000mL容量瓶中，用水稀释至标线。临用前按照《水质 溶解氧的测定 碘量法》（GB 7489—1987）标定。

（16）淀粉溶液：称取1g可溶性淀粉，用少量水调成糊状，加沸水至100mL，冷却后，移入试剂瓶中，置冰箱内冷藏保存。

（17）淀粉-碘化钾试纸：称取1.5g可溶性淀粉，用少量水搅成糊状，加入200mL沸水，混匀，放冷，加0.5g碘化钾和0.5g碳酸钠，用水稀释至250mL，将滤纸条浸渍后，取出晾干，盛于棕色瓶中，密塞保存。

四、实验步骤

(一) 样品

1. 样品采集与保存

(1) 样品采集。参照项目二的相关内容采集样品。在样品采集现场,用淀粉-碘化钾试纸(17)检测样品中有无游离氯等氧化剂的存在。若试纸变蓝,应及时加入过量硫酸亚铁(2)去除。

样品采集量应大于500mL,储于硬质玻璃瓶中。

采集后的样品应及时加磷酸酸化至pH值约为4.0,并加适量硫酸铜(4),使样品中硫酸铜浓度约为1g/L,以抑制微生物对酚类的生物氧化作用。

(2) 样品保存。采集后的样品应在4℃下冷藏,24h内进行测定。

(二) 检测步骤

1. 预蒸馏

取250mL样品移入500mL全玻璃蒸馏器中,加25mL水,加数粒玻璃珠以防暴沸,再加数滴甲基橙指示液(5),若试样未显橙红色,则需继续补加磷酸溶液(3)。

连接冷凝器,加热蒸馏,收集馏出液250mL至容量瓶中。

蒸馏过程中,若发现甲基橙红色褪去,应在蒸馏结束后,放冷,再加1滴甲基橙指示液。若发现蒸馏后残液不呈酸性,则应重新取样,增加磷酸溶液加入量,进行蒸馏。

2. 显色

分取馏出液50mL加入50mL比色管中,加0.5mL缓冲溶液(7),混匀,此时pH值为10.0±0.2,加1.0mL 4-氨基安替比林溶液(8),混匀,再加1.0mL铁氰化钾溶液(9),充分混匀后,密塞,放置10min。

3. 吸光度测定

于510nm波长,用光程为20mm的比色皿,以水为参比,于30min内测定溶液的吸光度值。

4. 空白试验

用水代替试样,按预蒸馏、显色、吸光度测定的步骤测定其吸光度值。空白应与试样同时测定。

5. 校准

(1) 校准系列的制备。于一组8支50mL比色管中,分别加入0.00、0.50、1.00、3.00、5.00、7.00、10.00、12.50mL酚标准中间液(12),加水至标线。

按预蒸馏、显色、吸光度测定的步骤测定其吸光度值。

(2) 校准曲线的绘制。由校准系列测得的吸光度值减去零浓度管的吸光度值,绘制吸光度值对酚含量(mg)的曲线,校准曲线回归方程相关系数应达到0.999以上。

五、实验数据记录及处理

(一) 结果计算与表示

1. 结果计算步骤

试样中挥发酚的浓度(以苯酚计)按下式进行计算:

$$\rho = \left(\frac{A_s - A_b - a}{bV}\right) \times 1000$$

式中 ρ——试样中挥发酚浓度，mg/L；

A_s——试样的吸光度；

A_b——空白试验的吸光度；

a——校准曲线的截距；

b——校准曲线的斜率；

V——试样的体积，mL。

2. 结果表示要求

当计算结果小于 1mg/L 时，保留到小数点后 3 位；大于等于 1mg/L 时，保留 3 位有效数字。

（二）撰写实验报告及实验记录表

挥发酚测定原始记录表见表 3－21。

表 3－21　　　　　　　挥发酚测定原始记录表

测定方法						
仪器名称						
标液浓度		选用波长		比色皿规格		
工作曲线编号	标样体积 /mL	定容体积 /mL	吸光度			含量 /mg
			Ⅰ	Ⅱ	平均值 A	减空白
1						
2						
3						
4						
5						
6						
7						
8						
标准曲线方程			截距 a：	斜率 b：	相关系数 r：	
样品名称	取样体积 /mL	定容体积 /mL	吸光度			含量 /(mg/L)
			Ⅰ	Ⅱ	平均值 A	减空白
样品 1						
样品 2						
样品 3						
样品 4						
样品 5						
计算公式：						
实验人：		实验时间：				

六、思考与讨论

缓冲溶液配制和使用过程中的注意事项有哪些？

任务十八 水质无机阴离子（氟化物、氯化物、硫酸盐、硝酸盐氮）的测定——离子色谱法

离子色谱法适用于地表水、地下水、工业废水和生活污水中可溶性无机阴离子（氟化物、氯化物、硫酸盐、硝酸盐氮）的测定，参照标准为《水质 无机阴离子（F^-、Cl^-、NO_2^-、Br^-、NO_3^-、PO_4^{3-}、SO_3^{2-}、SO_4^{2-}）的测定 离子色谱法》（HJ 84—2016）。

一、实验目的
(1) 学会离子色谱仪的基本原理及操作方法。
(2) 掌握水中无机阴离子的标准曲线配制、实验原理及测定方法。

二、实验原理
水质样品中的阴离子，经阴离子色谱柱交换分离、抑制型电导检测器检测，根据保留时间定性，峰高或峰面积定量。

三、仪器与试剂
（一）仪器
(1) 离子色谱仪。
(2) 色谱柱：阴离子分离柱（聚二乙烯基苯/乙基乙烯苯/聚乙烯醇基质，具有烷基季铵或烷醇季铵功能团、亲水性、高容量色谱柱）和阴离子保护柱。
(3) 阴离子抑制器。
(4) 电导检测器。
(5) 抽气过滤装置：配有孔径≤0.45μm 醋酸纤维或聚乙烯滤膜。
(6) 一次性水系微孔滤膜针筒过滤器：孔径 0.45μm。
(7) 一次性注射器：10mL。

（二）试剂
(1) 氟离子标准储备液：$\rho(F^-)=1000mg/L$。准确称取 2.2100g 氟化钠溶于适量水中，全量移入 1000mL 容量瓶，用水稀释定容至标线，混匀。转移至聚乙烯瓶中，于 4℃以下冷藏、避光和密封可保存 6 个月。亦可购买市售有证标准物质。

(2) 氯离子标准储备液：$\rho(Cl^-)=1000mg/L$。准确称取 1.6485g 氯化钠溶于适量水中，全量转入 1000mL 容量瓶，用水稀释定容至标线，混匀。转移至聚乙烯瓶中，于 4℃以下冷藏、避光和密封可保存 6 个月。亦可购买市售有证标准物质。

(3) 硝酸根标准储备液：$\rho(NO_3^-)=1000mg/L$。准确称取 1.6304g 硝酸钾溶于适量水中，全量转入 1000mL 容量瓶，用水稀释定容至标线，混匀。转移至聚乙烯瓶中，于 4℃以下冷藏、避光和密封可保存 6 个月。亦可购买市售有证标准物质。

(4) 硫酸根标准储备液：$\rho(SO_4^{2-})=1000mg/L$。准确称取 1.4792g 无水硫酸钠溶于适量水中，全量转入 1000mL 容量瓶，用水稀释定容至标线，混匀。转移至聚乙烯瓶中，于 4℃以下冷藏、避光和密封可保存 6 个月。亦可购买市售有证标准物质。

(5) 混合标准使用液。分别移取 10.0mL 氟离子标准储备液 (1)、200.0mL 氯离

子标准储备液（2）、100.0mL硝酸根标准储备液（3）、200.0mL硫酸根标准储备液（4）于1000mL容量瓶中，用水稀释定容至标线，混匀，配制成含有10mg/L的F^-、200mg/L的Cl^-、100mg/L的NO_3^-和200mg/L的SO_4^{2-}的混合标准使用液。

（6）淋洗液及再生液。淋洗液及再生液根据仪器型号及色谱柱说明书使用条件进行配制。以下给出的淋洗液条件供参考。

碳酸盐淋洗液：准确称取0.6784g碳酸钠和0.1680g碳酸氢钠，分别溶于适量水中，全量转入2000mL容量瓶，用水稀释定容至标线，混匀。

再生液：移取7mL磷酸定容至1000mL容量瓶，混匀。

四、实验步骤

（一）样品

1. 样品采集与保存

水样采集后不需要加固定剂，样品应尽快分析。

2. 样品预处理

用带有水系微孔滤膜针筒过滤器的一次性注射器过滤水样后进样。

（二）检测步骤

1. 离子色谱分析条件

阴离子分离柱。碳酸盐淋洗液，流速：1.0mL/min，抑制型电导检测器，连续自循环再生抑制器；CO_2抑制器。进样量：25μL。

3.13 水质无机阴离子的测定（氟化物、氯化物、硫酸盐、硝酸盐氮、亚硝酸盐氮）——离子色谱法（上）【视频】

2. 标准曲线绘制

分别准确移取0.00、1.00、2.00、5.00、10.0、20.0mL混合标准使用液（5）置于一组100mL容量瓶中，用水稀释定容至标线，混匀。配制成6个不同浓度的混合标准系列，阴离子标准系列质量浓度见表3-22。可根据被测样品的浓度确定合适的标准系列浓度范围。按其浓度由低到高的顺序依次注入离子色谱仪，记录峰面积（或峰高）。以各离子的质量浓度（表3-22）为横坐标、峰面积（或峰高）为纵坐标，绘制标准曲线。

表3-22　　　　　　阴离子标准系列质量浓度

离子名称	标准系列质量浓度/(mg/L)					
F^-	0.00	0.10	0.20	0.50	1.00	2.00
Cl^-	0.00	2.00	4.00	10.0	20.0	40.0
NO_3^-	0.00	1.00	2.00	5.00	10.0	20.0
SO_4^{2-}	0.00	2.00	4.00	10.0	20.0	40.0

3.14 水质无机阴离子的测定（氟化物、氯化物、硫酸盐、硝酸盐氮、亚硝酸盐氮）——离子色谱法（下）【视频】

3. 测定

按照与绘制标准曲线相同的色谱条件和步骤，将水样注入离子色谱仪测定阴离子浓度，以保留时间定性，仪器响应值定量。

五、实验数据记录及处理

（一）结果计算与表示

1. 结果计算步骤

样品中无机阴离子（F^-、Cl^-、NO_3^-、SO_4^{2-}）的质量浓度（ρ，mg/L）按照

下列公式计算：

$$\rho = \frac{h - h_0 - a}{b} \times f$$

式中　ρ——样品中阴离子的质量浓度，mg/L；

　　　h——试样中阴离子的峰面积（或峰高）；

　　　h_0——实验室空白试样中阴离子的峰面积（或峰高）；

　　　a——回归方程的截距；

　　　b——回归方程的斜率；

　　　f——样品的稀释倍数。

2. 结果表示要求

当样品含量小于 1mg/L 时，结果保留到小数点后 3 位；当样品含量大于或等于 1mg/L 时，结果保留 3 位有效数字。

（二）撰写实验报告及实验记录表

离子色谱测定原始记录表见表 3-23。

表 3-23　　　　　　　　　　离子色谱测定原始记录表

测定项目						
测定方法						
仪器名称						
标液浓度		定容体积		标准曲线绘制日期		
工作曲线编号	保留时间	峰面积	峰高	仪器观测值/(mg/L)	稀释倍数	含量/(mg/L)
1						
2						
3						
4						
5						
6						
7						
8						
标准曲线方程：			截距 a：	斜率 b：	相关系数 r：	
样品名称	保留时间	峰面积	峰高	仪器观测值/(mg/L)	稀释倍数	含量/(mg/L)
计算公式：						
实验人：			实验时间：			

六、思考与讨论

(1) 离子色谱法分离的基本原理是什么？

(2) 简述离子色谱仪的基本构造。

任务十九　水中镉、铜、铅、锌、铁、锰的测定
——原子吸收分光光度法

原子吸收分光光度法适用于测定地下水、地面水和废水中的铜、锌、铅、镉，参照标准为《水质 铜、锌、铅、镉的测定 原子吸收分光光度法》（GB/T 7475—1987）、《水质 铁、锰的测定 火焰原子吸收分光光度法》（GB/T 11911—1989）。测定浓度范围与仪器的特性有关，表 3-24 为常见仪器镉、铜、铅、锌、铁、锰的测定范围。

表 3-24　　　常见仪器镉、铜、铅、锌、铁、锰的测定范围

元　素	浓度范围/(mg/L)	元　素	浓度范围/(mg/L)
镉	0.05~1	锌	0.05~1
铜	0.05~5	铁	0.1~5
铅	0.2~10	锰	0.05~3

一、实验目的

铜、锌、铅、镉等重金属元素会危害人体健康及生态环境。人的肌体如果受到有害金属的侵入就会让一些酶丧失活性而出现不同程度的中毒症状，不同的金属种类、浓度产生的毒性不一样。

铜是人体必需的微量元素，缺少铜元素就会发生贫血等情况，但过量摄入也会危害人体。铜对水生生物影响甚大，电镀、五金加工、工业废水等都是铜的主要污染源。适量的锌有益于人体，但影响鱼类及其他水生生物。另外，锌会抑制水的自净过程。冶金、颜料、工业废水是锌的主要污染来源。铅对人体及动物都是有毒的，其存在于人体有可能会使人出现贫血、神经机能失调等症状。蓄电池、五金、电镀工业废水等都是铅的主要污染源。镉的毒性也非常强，积累在人的肝肾里面会损害肾脏等内脏器官，引发骨质疏松。电镀、采矿、电池等是镉的主要污染源。所以为了防止环境污染，采取行之有效的分析方法检测铜、锌、铅、镉等重金属元素的含量具有特殊意义。

通过本任务，可了解水质镉、铜、铅、锌测定的意义和方法，熟悉原子吸收紫外可见分光光度计的使用方法，以及利用原子吸收分光光度法测定铜、锌、铅、镉的定量方法，同时了解原子吸收分光光度法在水环境监测分析中的应用案例。

二、实验原理

将样品或消解处理过的样品直接吸入火焰，在火焰中形成的原子对特征电磁辐射产生吸收，对测得的样品吸光度和标准溶液的吸光度进行比较，确定样品中被测元素的浓度。

火焰原子吸收法其具体原理是，在使用锐线光源和在低浓度的情况下，基态原子蒸气对共振线的吸收符合比尔定律：

$$A=\lg\frac{I_0}{I}=KLN_0$$

式中　A——吸光度；

　　　I_0——入射光强度；

　　　I——经原子蒸气吸收后的透射光强度；

　　　K——吸光系数；

　　　L——光穿过原子蒸气的光程长度；

　　　N_0——基态原子密度。

当试样原子化，火焰的绝对温度低于 30000K 时，可以认为原子蒸气中基态原子的数目实际上接近于原子总数，在固定的实验条件下，原子总数与试样浓度 C 的比例是恒定的，因此：

$$A=K'C$$

上式是原子吸收分光光度法的定量基础，其中 K' 是与 K、L 等有关的常数。定量方法有标准曲线法或标准加入法等。

三、仪器与试剂

（一）仪器

(1) 原子吸收仪（GGX—600 型，由北京科创海光光学仪器厂生产）。

(2) 镉、铜、铅、锌、铁、锰空心阴极灯（由北京瑞利普光电器件厂生产）。

(3) 乙炔钢瓶或乙炔发生器。

(4) 空气压缩机，应备有除水、除油、除尘装置。

(5) 常见实验室设备：比色管、比色管架、移液管、容量瓶、胖肚吸管、烧杯、洗耳球、洗瓶、废液瓶、口罩、橡胶手套等。

注：所用玻璃及塑料器皿用前在 1＋1 硝酸溶液中浸泡 24h 以上，然后用蒸馏水清洗干净。

（二）试剂

(1) 硝酸（HNO_3）：$\rho=1.42g/mL$，优级纯。

(2) 硝酸（HNO_3）：$\rho=1.42g/mL$，分析纯。

(3) 高氯酸（$HClO_4$）：$\rho=1.67g/mL$，优级纯。（此试剂无须准备，了解即可）

(4) 燃料：乙炔，用钢瓶气或由乙炔发生器供给，纯度不低于 99.6％。

(5) 氧化剂：空气，一般由气体压缩机供给，进入燃烧器以前应经过适当过滤，以除去其中的水、油和其他杂质。

(6) 1＋1 硝酸溶液：用硝酸（2）配制。

(7) 1＋499 硝酸溶液（0.2％硝酸）：用硝酸（1）配制。

(8) 金属储备液：建议直接购买国家标准溶液，一般浓度为 100mg/L 或 500mg/L。

(9) 中间标准溶液：按照表 3－25，用胖肚吸管准确移取相应体积的金属储备液（8）至对应规格的已洗净的容量瓶内，使用 1＋499 硝酸溶液（7）定容至刻度线即得到中间标准溶液。

表 3-25　　　　　　　　中间标准溶液配制方法

项目	金属储备液（8）浓度 /(mg/L)	量取体积 /mL	定容体积（容量瓶规格） /mL	中间标准溶液（9）浓度 /(mg/L)
镉	100（500）	10（2）	100	10
铜	500	5	50	50
锌	100（500）	10（2）	100	10
铅	100（500）	（10）	50	100
铁	500	5	50	50
锰	500	10	200	25

四、实验步骤

（一）样品

1. 样品采集与保存

（1）金属测定样品的采集同一般的水样采集，即使用有机玻璃采样器采集水下 0.5m 水样，灌注至经水样润洗过的聚乙烯塑料瓶内。

（2）立即用 0.45μm 滤膜过滤水样，此时测定的是水样中的金属总量；此次实验测定的是溶解在水中的金属量，不进行此过滤步骤，直接执行步骤（3）。

（3）每 1000mL 水样（滤液）加入分析纯硝酸 2mL，摇匀。加了硝酸保护剂的水样一般常温下可保存 14d，但建议水样送至实验室尽快完成分析。

注：采样瓶先用洗涤剂洗净，再在 1+1 硝酸溶液（6）中浸泡，使用前用蒸馏水或去离子水冲洗干净。

2. 样品预处理

本项实验采集的为未经污染天然河道的水体，并测定其溶解在水中的金属量，可直接进行测定，无须预处理。下述样品预处理（消解），大家了解学习即可：

测定金属总量时，如果样品需要消解，混匀后取 100.0mL 实验室样品置于 200mL 烧杯中，接着加入 5mL 硝酸（1），在电热板上加热消解，确保样品不沸腾，蒸至 10mL 左右，加入 5mL 硝酸（1）和 2mL 高氯酸（3），继续消解，蒸至 1mL 左右。如果消解不完全，再加入 5mL 硝酸（1）和 2mL 高氯酸（3），蒸至 1mL 左右。取下冷却，加水溶解残渣，通过中速滤纸（预先用酸洗）滤入 100mL 容量瓶中，用水稀释至标线。

注：消解中使用高氯酸有爆炸危险！整个消解要在通风橱中进行，且标准曲线液需要进行与水样相同的消解。

（二）检测步骤

1. 标准曲线

首先要进行原子吸收紫外可见分光光度计的仪器状态调整，其使用方法如下。

（1）打开仪器左上方灯罩门，把铜、锌、铅或镉的空心阴极灯插入相应灯座，然后打开主机和电脑电源开关。

3.15 原子吸收分光光度法测定样品的镉、铜、铅、锌、铁、锰（上）【视频】

(2) 仪器实验参数设置。

1) 双击电脑桌面上图标"Wfx130",打开操作窗口,依次单击"操作""编辑分析方法"。

2) 选择火焰原子吸收,同时选择创建新方法或修改已有方法,单击"继续",从元素周期表中选择需分析的元素,单击"确定"。

3) 在"仪器条件"中,核定或修改波长、灯位、狭缝和灯电流;在"测量条件"中,设定测量方式、读数延时、读数时间和阻尼常数;在"工作曲线参数"中,选择方程、标准空白、测量次数、浓度单位,并在右边表格中输入标准系列的浓度和读数次数;在"火焰条件"中,设定燃气流量、空气流量和燃烧头高度。设定完成后,确认退出。

注:设置条件可参考表3-26,但仅作为参考,参数会随着仪器型号、仪器当前状态及所处环境而略有不同,设置的标准即在该条件下,仪器可获得最大灵敏度。参数设置的实验方法:配置对应元素的标液(浓度可选择标曲的中间或最好偏低浓度),利用控制变量法,如在不同的狭缝宽度下测吸光度值,吸光度值最高时的狭缝宽度即为该项目的设置参数,以此类推。

表3-26　　仪器参考设置参数

元素	特征谱线波长/nm	火焰类型	灯电流	狭缝/nm	燃烧器高度/mm	燃气流量/(L/min)
铜	324.7	空气-乙炔火焰（获得所需特性的火焰，需要调节燃气与助燃气的比例）	空心阴极灯一般需要预热10~30min才能达到稳定输出。灯电流过小，放电不稳定，故光谱输出不稳定，且光谱输出强度小；灯电流过大，发射谱线变宽，导致灵敏度下降，校正曲线弯曲，灯寿命缩短。选用灯电流的一般原则是，在保证有足够强且稳定的光强输出条件下，尽量使用较低的工作电流。通常以空心阴极灯上标明的最大电流的一半至三分之二作为工作电流。在具体的分析场合，最适宜的工作电流由实验确定	0.5	7	1.8
锌	213.8			0.5	7	2.0
铅	283.3			0.5	7	2.0
镉	324.7			0.5	7	1.8
铁	248.3			0.2	7	2.2
锰	279.5			0.2	7	2.0

(3) 开始测量。

1) 从左至右,依次打开空压机开关(关机时,次序相反),压力表读数在0.2~0.3之间;再打开乙炔开关,压力调至0.07左右。轻按主机上绿色点火开关(若出现报警声,立即再按一次,然后按绿色按钮,直至点燃火焰)。

2) 双击电脑桌面上图标"Wfx130",打开操作窗口,依次单击"文件""新建""火焰原子吸收"。

3) 单击"样品表",在编号栏输入样品序号,如"1,25",表示在标准系列以下从第1行至第25行为样品测定结果,单击"展开""确定";单击"选择方法"后,选择需测定的元素,单击"完成",此时仪器调整灯位,选择的元素灯亮。

4）在打开的界面中，单击"自动波长"，主光束应在100%左右，单击"完成"。

5）用蒸馏水调零，单击"读数"，再依次进样测定标准系列，然后测定所需测定的水样。

6）单击"工作曲线"，记录一元一次方程，即工作曲线的A、B。

工作曲线的配制：参照表3-27，在100mL容量瓶中，用刻度吸管量取金属储溶液（9），配制至少6份工作标准溶液，其浓度范围应包括样品中被测元素的浓度。进下列标曲溶液前，让仪器先进1+499硝酸溶液（7），记下吸光度值，即为标曲的零点（浓度为0），并参与标曲的拟合。

表3-27 工作曲线配制参考表

中间标准溶液（9）加入体积/mL		0.50	1.00	3.00	5.00	7.00	10.0
工作标准溶液浓度/(mg/L)	铜	0.25	0.5	1.5	2.5	3.5	5
	锌	0.05	0.1	0.3	0.5	0.7	1
	铅	0.5	1	3	5	7	10
	镉	0.05	0.1	0.3	0.5	0.7	1
	铁	0.25	0.5	1.5	2.5	3.5	5
	锰	0.125	0.25	0.75	1.25	1.75	2.5

2. 测定

在测定样品的同时，测定空白。取100.0mL 1+499硝酸溶液（7）代替样品，置于200mL烧杯中，按标曲的条件继续分析，仪器读数记Y_0。

样品的测定同标曲，在与标曲相同的仪器状态下，直接进样读数，一般读取两遍吸光度值，取平均值计算。

注：若为手动进样，在进下一个样品前，需将进样管用0.2%硝酸、去离子水进行清洗，以免样品相互污染。

3.16 原子吸收分光光度法测定样品的镉、铜、铅、锌、铁、锰（下）【视频】

五、实验数据记录及处理

（一）结果计算与表示

1. 结果计算步骤

代入仪器测得的标曲：

$$Y - Y_0 = AC + B$$

式中 Y——样品的仪器读数值，吸光度；

Y_0——空白的仪器读数值，吸光度；

C——样品浓度，mg/L；

A——标准曲线的斜率；

B——标准曲线的截距。

2. 实验记录及结果表示要求

当样品含量小于1mg/L时，结果保留到小数点后3位；当样品含量大于或等于 1mg/L 时，结果保留 3 位有效数字。

（二）撰写实验报告及实验记录表

原子吸收实验记录表见表 3-28。

表 3-28　　　　　　　　原子吸收实验记录表

测定方法					测定项目：		
仪器名称							
标液浓度		选用波长： nm		比色皿规格： mm		狭缝： nm	
灯电流： mA		火焰高度： mm		乙炔流量： L/min		空气流量： L/min	
工作曲线编号	标样体积 /mL	定容体积 /mL	吸光度				质量 /mg
			Ⅰ	Ⅱ	平均值 A	减空白	
1							
2							
3							
4							
5							
6							
7							
8							
标准曲线方程				截距 a： 斜率 b： 相关系数 r：			
样品名称	取样体积 /mL	定容体积 /mL	吸光度				含量 /(mg/L)
			Ⅰ	Ⅱ	平均值 A	减空白	
计算公式							
实验人：			实验时间：				

六、思考与讨论

（1）狭缝宽度是如何影响测定灵敏度的？

（2）实验中用到了乙炔气体，乙炔气体有毒吗？实验中的气体使用应注意什么？

任务二十 水中汞、砷、硒的测定——原子荧光法

原子荧光法适用于地表水、地下水、生活污水和工业废水中汞、砷、硒的测定，参照标准为《水质 汞、砷、硒、铋和锑的测定 原子荧光法》（HJ 694—2014）。

一、实验目的
(1) 学会原子荧光光谱仪的基本原理及操作方法。
(2) 掌握水中汞、砷、硒的标准曲线配制、实验原理及测定方法。

二、实验原理
经预处理后的试液进入原子荧光仪，在酸性条件的硼氢化钾（或硼氢化钠）还原作用下，生成砷化氢、硒化氢气体和汞原子，氢化物在氩氢火焰中形成基态原子，其基态原子和汞原子受元素（汞、砷、硒）灯发射光的激发产生原子荧光，原子荧光强度与试液中待测元素含量在一定范围内成正比。

三、仪器与试剂

（一）仪器
(1) 原子荧光光谱仪，配汞、砷、硒元素灯。
(2) 可调温电热板。
(3) 恒温水浴锅。
(4) 分析天平，精度为 0.0001g。
(5) 实验室常用器皿。

（二）试剂
(1) 盐酸溶液：1+1。
(2) 盐酸溶液：5+95。
(3) 硝酸溶液：1+1。
(4) 盐酸-硝酸溶液：分别量取 300mL 浓盐酸和 100mL 浓硝酸，加入 400mL 水中，混匀。
(5) 硝酸-高氯酸混合酸：用等体积硝酸和高氯酸混合配制，临用现配。
(6) 还原剂。

硼氢化钾溶液 A：称取 0.5g 氢氧化钠溶于 100mL 水中，加入 1.0g 硼氢化钾，混匀。此溶液用于汞的测定，临用时现配，存于塑料瓶中。

硼氢化钾溶液 B：称取 0.5g 氢氧化钠溶于 100mL 水中，加入 2.0g 硼氢化钾，混匀。此溶液用于砷、硒的测定，临用时现配，存于塑料瓶中。

(7) 硫脲-抗坏血酸溶液：称取硫脲和抗坏血酸各 5.0g，用 100mL 水溶解，混匀，测定当日配制。

(8) 汞标准固定液：称取 0.5g 重铬酸钾溶于 950mL 水中，加入 50mL 浓硝酸，混匀。

(9) 汞标准储备液：$\rho(Hg)=100mg/L$。购买市售有证标准物质，或称取 0.1354g 于硅胶干燥器中放置过夜的氯化汞，用少量汞标准固定液溶解后移入

1000mL 容量瓶中,用汞标准固定液稀释至标线,混匀。储存于玻璃瓶中,4℃下可存放 2 年。

注意:氯化汞为剧毒试剂!

(10) 汞标准中间液:$\rho(Hg)=1.00mg/L$。移取 5.00mL 汞标准储备液于 500mL 容量瓶中,加入 50mL 盐酸(1+1),用汞标准固定液稀释至标线,混匀。储存于玻璃瓶中,4℃下可存放 100d。

(11) 汞标准使用液:$\rho(Hg)=10.0\mu g/L$。移取 5.00mL 汞标准中间液于 500mL 容量瓶中,加入 50mL 盐酸(1+1),用水稀释至标线,混匀。储存于玻璃瓶中,临用现配。

(12) 砷标准储备液:$\rho(As)=100mg/L$。购买市售有证标准物质,或称取 0.1320g 于 105℃干燥 2h 的优级纯三氧化二砷溶解于 5mL 1mol/L 氢氧化钠溶液中,用 1mol/L 盐酸溶液中和至酚酞红色褪去,移入 1000mL 容量瓶中,用水稀释至标线,混匀。储存于玻璃瓶中,4℃下可存放 2 年。

注意:三氧化二砷为剧毒试剂!

(13) 砷标准中间液:$\rho(As)=1.00mg/L$。移取 5.00mL 砷标准储备液于 500mL 容量瓶中,加入 100mL 盐酸(1+1),用水稀释至标线,混匀。4℃下可存放 1 年。

(14) 砷标准使用液:$\rho(As)=100\mu g/L$。移取 10.00mL 砷标准中间液于 100mL 容量瓶中,加入 20mL 盐酸(1+1),用水稀释至标线,混匀。4℃下可存放 30d。

(15) 硒标准储备液:$\rho(Se)=100mg/L$。购买市售有证标准物质,或称取 0.1000g 高纯硒粉于 100mL 烧杯中,加 20mL 浓硝酸,低温加热溶解后冷却至室温,移入 1000mL 容量瓶中,用水稀释至标线,混匀。储存于玻璃瓶中,4℃下可存放 2 年。

(16) 硒标准中间液:$\rho(Se)=1.00mg/L$。移取 5.00mL 硒标准储备液于 500mL 容量瓶中,加入 150mL 盐酸(1+1),用水稀释至标线,混匀。4℃下可存放 100d。

(17) 硒标准使用液:$\rho(Se)=10.0\mu g/L$。移取 5.00mL 硒标准中间液于 500mL 容量瓶中,加入 150mL 盐酸,用水稀释至标线,混匀。临用现配。

四、实验步骤

(一) 样品

1. 样品采集与保存

样品采集参照《地表水环境质量监测技术规范》(HJ/T 91.2—2022)和《地下水环境监测技术规范》(HJ 164—2020)的相关规定执行。测定汞的样品,如水样为中性,按每升水样中加入 5mL 浓盐酸的比例加入盐酸做保护剂;测定砷、硒的样品,按每升水样中加入 2mL 浓盐酸的比例加入盐酸做保护剂。样品保存期为 14d。

2. 样品制备

(1) 测汞的样品。量取 5.0mL 混匀后的样品于 10mL 比色管中,加入 1mL 盐酸-硝酸溶液,加塞混匀,置于沸水浴中加热消解 1h,其间摇动 1~2 次并开盖放气。冷却,用水定容至标线,混匀,待测。

(2) 测砷、硒的样品。量取 50.0mL 混匀后的样品于 150mL 锥形瓶中,加入 5mL 硝酸-高氯酸混合酸,于电热板上加热至冒白烟,冷却。再加入 5mL 盐酸溶液 (1+1),加热至黄褐色烟冒尽,冷却后移入 50mL 容量瓶中,加水稀释定容,混匀,待测。

(二) 检测步骤

1. 仪器调试

依据仪器使用说明书调节仪器至最佳工作状态。参考测量条件见表 3-29。

表 3-29　　　　参 考 测 量 条 件

元素	负高压/V	灯电流/mA	原子化器预热温度/℃	载气流量/(mL/min)	屏蔽气流量/(mL/min)	积分方式
Hg	240~280	15~30	200	400	900~1000	峰面积
As	260~300	40~60	200	400	900~1000	峰面积
Se	260~300	80~100	200	400	900~1000	峰面积

2. 标准曲线

(1) 标准曲线的配制。

1) 汞。分别移取 0.00、1.00、2.00、5.00、7.00、10.00mL 汞标准使用液 (10.0μg/L) 于 100mL 容量瓶中,分别加入 10.0mL 盐酸-硝酸溶液,用水稀释至标线,混匀。

2) 砷。分别移取 0.00、0.50、1.00、2.00、3.00、5.00mL 砷标准使用液 (100μg/L) 于 50mL 容量瓶中,分别加入 10mL 盐酸溶液、10mL 硫脲-抗坏血酸溶液,室温放置 30min (室温低于 15℃时,置于 30℃水浴中保温 30min),用水稀释定容,混匀。

3) 硒。分别移取 0.00、2.00、4.00、6.00、8.00、10.00mL 硒标准使用液 (10.0μg/L) 于 50mL 容量瓶中,分别加入 10mL 盐酸溶液 (1+1),用水稀释定容,混匀。

汞、砷、硒标准系列的质量浓度见表 3-30。

表 3-30　　　　汞、砷、硒标准系列的质量浓度

元素	标准系列质量浓度/(μg/L)					
Hg	0	0.10	0.20	0.50	0.70	1.00
As	0	1.0	2.0	4.0	6.0	10.0
Se	0	0.4	0.8	1.2	1.6	2.0

(2) 标准曲线的绘制。

1) 汞。参考测量条件或采用自行确定的最佳测量条件，以盐酸溶液（5+95）为载流，硼氢化钾溶液 A 为还原剂，浓度由低到高依次测定汞标准系列的原子荧光强度，以原子荧光强度为纵坐标，汞质量浓度为横坐标，绘制校准曲线。

2) 砷、硒。参考测量条件或采用自行确定的最佳测量条件，以盐酸溶液（5+95）为载流，硼氢化钾溶液 B 为还原剂，浓度由低到高依次测定各元素标准系列的原子荧光强度，以原子荧光强度为纵坐标，相应元素的质量浓度为横坐标，绘制校准曲线。

3. 样品测定

(1) 汞。按照与绘制校准曲线相同的条件测定试样的原子荧光强度。超过校准曲线高浓度点的样品，对其消解液稀释后再行测定，稀释倍数为 f。

(2) 砷。量取 5.0mL 制备好的试样于 10mL 比色管中，加入 2mL 盐酸溶液（1+1）、2mL 硫脲-抗坏血酸溶液，室温放置 30min（室温低于 15℃时，置于 30℃水浴中保温 30min），用水稀释定容，混匀，按照与绘制校准曲线相同的条件进行测定。超过校准曲线高浓度点的样品，对其消解液稀释后再行测定，稀释倍数为 f。

(3) 硒。量取 5.0mL 制备好的试样于 10mL 比色管中，加入 2mL 盐酸溶液（1+1），用水稀释定容，混匀，按照与绘制校准曲线相同的条件进行测定。超过校准曲线高浓度点的样品，对其消解液稀释后再行测定，稀释倍数为 f。

4. 空白试验

按照与测定标准曲线相同的步骤测定空白试样。

五、实验数据记录及处理

（一）结果计算与表示

1. 结果计算步骤

样品中待测元素的质量浓度 ρ 按下列公式计算：

$$\rho = \frac{\rho_1 \times f \times V_1}{V}$$

式中　ρ——样品中待测元素的质量浓度，$\mu g/L$；
　　　ρ_1——由校准曲线上查得的试样中待测元素的质量浓度，$\mu g/L$；
　　　f——试样稀释倍数（样品若有稀释）；
　　　V_1——分取后测定试样的定容体积，mL；
　　　V——分取试样的体积，mL。

2. 结果表示要求

当汞的测定结果小于 $1\mu g/L$ 时，保留小数点后 2 位；当测定结果大于 $1\mu g/L$ 时，保留 3 位有效数字。

当砷、硒的测定结果小于 $10\mu g/L$ 时，保留小数点后 1 位；当测定结果大于 $10\mu g/L$ 时，保留 3 位有效数字。

(二)撰写实验报告及实验记录表

原子荧光法测定原始记录表见表3-31。

表3-31　　　　　　　　　原子荧光法测定原始记录表

测定项目			测定方法			
仪器名称			选用波长			
载气流量			灯电流			
标液浓度			定容体积			

工作曲线编号	标样体积/mL	定容体积/mL	原子荧光强度			稀释倍数	ρ 含量/(μg/L)
			Ⅰ	Ⅱ	平均值		
1							
2							
3							
4							
5							
6							
7							
标准曲线方程:			截距a:	斜率b:	相关系数r:		

样品名称	取样体积/mL	定容体积/mL	原子荧光强度			稀释倍数	含量/(μg/L)
			Ⅰ	Ⅱ	平均值		
样品1							
样品2							
样品3							
样品4							
样品5							
计算公式:							
实验人:			实验时间:				

六、思考与讨论

(1)简述原子荧光法测定水中金属元素的基本原理。

(2)简述原子荧光光谱仪的基本组成。

任务二十一　水中三氯甲烷的测定——气相色谱法

气相色谱法适用于地表水、地下水、生活污水和工业废水中三氯甲烷的测定，参照标准为《水质　挥发性有机物的测定　吹扫捕集/气相色谱法》（HJ 686—2014）。

一、实验目的
（1）了解吹扫捕集-气相色谱仪的使用方法。
（2）了解水中三氯甲烷的测定原理及测定方法。

二、实验原理
样品中的三氯甲烷经高纯氮气吹扫后吸附于捕集管中，将捕集管加热并以高纯氮气反吹，被热脱附出来的组分经气相色谱分离后，用电子捕获检测器（ECD）进行检测，根据保留时间定性，外标法定量。

三、仪器与试剂
（一）仪器
（1）气相色谱仪：配置电子捕获检测器（ECD），色谱柱为 HP－VOC 柱。
（2）吹扫捕集装置，配自动进样器。
（3）微量注射器：$10\mu L$、$100\mu L$、$500\mu L$。
（4）样品瓶：40mL 棕色玻璃瓶，螺旋盖（带聚四氟乙烯涂层密封垫）。
（5）容量瓶：A 级，50mL。

（二）试剂
（1）实验用水：二次蒸馏水或通过纯水设备制备的水，通过检验无高于方法检出限（MDL）的目标化合物检出时，方能作为空白试剂水使用。可通过加热煮沸或通入惰性气体吹扫去除水中的挥发性有机物干扰。
（2）甲醇（CH_3OH）：农残级，配制标准样品用。不同批次甲醇要进行空白检验。检验方法是取 $20\mu L$ 甲醇加入空白试剂水中，按与实际样品分析完全相同的条件进行分析。
（3）三氯甲烷标准储备液：$\rho=100\mu g/mL$。购买市售有证标准储备液，应避光保存，开封后应尽快使用完。
（4）三氯甲烷标准使用液：$\rho=20\mu g/mL$。根据仪器的灵敏度和线性要求，取适量三氯甲烷标准储备液用甲醇稀释配制到适当浓度，一般为 $20\mu g/mL$，保存时间为 1 个月。
（5）气体：氮气，纯度≥99.99%。
（6）盐酸溶液：1+1。

四、实验步骤
（一）样品
1. 样品采集与保存
用清洁干燥的 40mL 棕色玻璃瓶直接采集，加 0.5mL 的盐酸溶液（1+1）做保护剂，样品瓶中不留气泡，盖紧盖子，低温 4℃保存，样品保存期限为 14d。

2. 样品制备

将 40mL 样品瓶直接放入自动进样器样品槽中,设置取样体积为 5mL,进行吹扫捕集。

3. 空白样品的制备

以实验用水代替样品,按照样品制备步骤制备空白试样。

(二) 检测步骤

1. 仪器参考条件

(1) 吹扫捕集参考条件。吹扫捕集参考条件见表 3-32。

表 3-32　　　　　吹扫捕集参考条件

吹扫温度	吹扫流速/(mL/min)	吹扫时间/min	脱附温度/℃	脱附时间/min	烘烤温度/℃	烘烤时间/min	干吹时间/min
常温	40	11	180	2	250	10	2

(2) 气相色谱 GC-ECD 参考条件。程序升温:40℃(保持 6min)$\xrightarrow{5℃/min}$ 100℃(保持 2min)$\xrightarrow{5℃/min}$ 200℃;进样口温度:200℃;检测器温度:280℃;载气流量:2.5mL/min;分流比:10:1 或根据仪器条件。

2. 标准曲线

(1) 标准曲线的制备。用微量注射器准确移取 0、2、5、25、50、100、500μL 的三氯甲烷标准使用液(20μg/mL)于 7 个 50mL 棕色容量瓶中,用水稀释至标线,摇匀。标准系列浓度分别为 0、0.8、2、10、20、40、200μg/L。

(2) 标准曲线的绘制。将配制好的标准曲线系列浓度转移至 40mL 棕色玻璃瓶中,放置于吹扫捕集自动进样器中,进样量为 5mL。经吹扫、捕集浓缩后进入气相色谱进行分析,得到对应不同浓度的气相色谱图。以峰高或峰面积为纵坐标,浓度为横坐标,绘制校准曲线。

3. 样品测定

将采集的样品直接放置于吹扫捕集自动进样器中,进样量为 5mL,按标准样品完全相同的分析条件进行分析,记录三氯甲烷色谱峰的保留时间和峰高(或峰面积)。

4. 空白试验

在分析样品的同时,应做空白试验。空白样品用实验用水代替,按样品测定步骤进行分析。

五、实验数据记录及处理

(一) 结果表示

定性结果:根据标准物质三氯甲烷的保留时间进行定性分析。

定量结果:采用外标法定量,单位为 μg/L。当测定值小于 100μg/L 时,保留小数点后 1 位;大于等于 100μg/L 时,保留 3 位有效数字。

(二) 撰写实验报告及实验记录表

气相色谱法测定原始记录表见表 3-33。

表 3-33　　　　　　　　气相色谱法测定原始记录表

测定项目			测定方法	
仪器名称			检测器名称	
进样口温度			分流比	
序号	样品名称	仪器观测值	稀释倍数	含量/(μg/L)
1				
2				
3				
4				
5				
6				

实验人：　　　　　　　　实验时间：

六、思考与讨论

(1) 气相色谱法分离的基本原理是什么？

(2) 简述气相色谱的定性方法和定量方法。

任务二十二　水质石油类的测定——紫外分光光度法

紫外分光光度法适用于地表水、地下水和海水中石油类的测定，参照标准为《水质 石油类的测定 紫外分光光度法（试行）》（HJ 970—2018）。

一、实验目的
（1）进一步熟悉紫外可见分光光度计的使用方法。
（2）熟悉水中石油类样品制备（萃取—脱水—吸附）的预处理方法。

二、实验原理
在 pH≤2 的条件下，样品中的油类物质被正己烷萃取，萃取液经无水硫酸钠脱水，再经硅酸镁吸附除去动植物油类等极性物质后，于 225nm 波长处测定吸光度，石油类含量与吸光度值符合朗伯-比尔定律。

三、仪器与试剂

（一）仪器
（1）采样瓶：500mL 棕色硬质玻璃瓶。
（2）紫外可见分光光度计：波长 200～400nm，并配备 2cm 石英比色皿。
（3）分液漏斗：1000mL，具聚四氟乙烯旋塞。
（4）锥形瓶：50mL，具塞磨口。
（5）振荡器：转速可达 300r/min。
（6）离心机：转速可达 3000r/min，并配备 50mL 玻璃离心管。
（7）一般实验室常用器皿和设备。

（二）试剂
实验用水为蒸馏水或去离子水。
（1）正己烷（C_6H_4）：使用前于波长 225nm 处，以水做参比测定透光率，透光率大于 90% 方可使用，否则需脱芳处理。脱芳处理方法：将 500mL 正己烷加入 1000mL 分液漏斗中，加入 25mL 浓硫酸萃洗 10min，弃去硫酸相，重复上述操作，直至硫酸相近无色，再用蒸馏水萃洗 3 次，至透光率大于 90% 即可。
（2）无水硫酸钠（Na_2SO_4）：于 550℃下灼烧 4h，冷却后装入磨口玻璃瓶中，置于干燥器内储存。
（3）硅酸镁（$MgSiO_3$）：150～250μm（60～100 目）。于 550℃下灼烧 4h，冷却后称取适量硅酸镁于磨口玻璃瓶中，根据硅酸镁的重量，按 6%（m/m）的比例加入适量蒸馏水，密塞并充分振摇数分钟，放置 12h，备用。
（4）石油类标准储备液：$\rho=1000$mg/L。直接购买市售正己烷体系中适用于紫外分光光度法测定的有证标准物质/样品。
（5）石油类标准使用液：$\rho=100$mg/L。准确移取 5.00mL 石油类标准储备液于 50mL 容量瓶中，用正己烷定容，摇匀，可保存 24h。
（6）玻璃棉：用正己烷浸洗至少 15min，晾干后置于干燥玻璃瓶中，备用。

(7) 硅酸镁吸附柱：将内径 10mm、长约 200mm 的玻璃层析柱出口处填塞少量玻璃棉，再将硅酸镁缓缓倒入玻璃层析柱中，边倒边轻轻敲打，填充高度约为 80mm。

四、实验步骤

(一) 样品

1. 样品采集与保存

用石油采样器，将样品采集于 500mL 棕色玻璃瓶中。样品采集后，加入浓盐酸酸化至 pH<2。如样品不能在 24h 内测定，应在 0~4℃冷藏保存，3d 内测定。

2. 样品制备

(1) 萃取。将样品全部转移至 1000mL 分液漏斗中，量取 25.0mL 正己烷洗涤采样瓶后，全部转移至分液漏斗中。充分振摇 2min，其间经常开启旋塞排气，静置分层后，将下层水相全部转移至 1000mL 量筒中，测量样品体积并记录。萃取液出现乳化现象时，可滴加 3~4 滴无水乙醇破乳。

(2) 脱水。将上层萃取液转移至已加入 3g 无水硫酸钠的锥形瓶中，盖紧瓶塞，振摇数次，静置。若无水硫酸钠全部结块，需补加无水硫酸钠直至不再结块。

(3) 吸附。继续向萃取液中加入 3g 硅酸镁，置于振荡器上，以 180~220r/min 的速度振荡 20min，静置沉淀。在玻璃漏斗底部垫上少量玻璃棉，过滤，待测。

3. 空白样品的制备

以实验用水代替样品，加入浓盐酸酸化至 pH≤2，按照试样的制备步骤制备空白试样。

(二) 检测步骤

1. 标准曲线

准确移取 0.00、0.25、0.50、1.00、2.00、4.00mL 石油类标准使用液 (100mg/L) 于 6 个 25mL 容量瓶中，用正己烷稀释至标线，摇匀。标准系列浓度分别为 0.00、1.00、2.00、4.00、8.00、16.0mg/L。在波长 225nm 处，使用 2cm 石英比色皿，以正己烷做参比，测定吸光度。以石油类浓度 (mg/L) 为横坐标，以相应的吸光度值为纵坐标，绘制标准曲线。

2. 样品测定

将经萃取、脱水、吸附等流程制备好的样品，在波长 225nm 处，使用 2cm 石英比色皿，以正己烷做参比，测定吸光度。

五、实验数据记录及处理

(一) 结果计算与表示

1. 结果计算步骤

水中石油类的质量浓度 ρ 按照下列公式进行计算：

$$\rho = \frac{(A - A_0 - a) \times V_1}{b \times V}$$

式中 ρ——水中石油类的质量浓度，mg/L；

A——试样的吸光度值；

A_0——空白试样的吸光度值;

a——标准曲线的截距;

V_1——萃取液体积,mL;

b——标准曲线的斜率;

V——水样体积,mL。

2. 结果表示要求

结果保留小数位数与检出限一致,最多保留 3 位有效数字。(当取样体积为 500mL,萃取液体积为 25mL,使用 2cm 石英比色皿时,方法检出限为 0.01mg/L)

(二)撰写实验报告及实验记录表

石油类(紫外法)原始记录表见表 3-34。

表 3-34　　　　　石油类(紫外法)原始记录表

测定方法						
仪器名称						
标液浓度 /(mg/L)		选用波长/nm			比色皿规格	
工作曲线编号	标样体积 /mL	定容体积 /mL	吸光度			含量 /(mg/L)
			Ⅰ	Ⅱ	平均值 A	减空白
1						
2						
3						
4						
5						
6						
7						
8						
标准曲线方程			截距 a:	斜率 b:	相关系数 r:	
样品名称	取样体积 /mL	定容体积 /mL	吸光度			含量 /(mg/L)
			Ⅰ	Ⅱ	平均值 A	减空白
样品 1						
样品 2						
样品 3						
样品 4						
样品 5						
计算公式						

实验人:　　　　　　　　　实验时间:

六、思考与讨论

(1) 紫外法和红外法测定水中石油类的区别是什么？

(2) 简述石油类采样时的注意事项。

任务二十三　水质总有机碳的测定——燃烧氧化-非分散红外吸收法

燃烧氧化-非分散红外吸收法适用范围为地表水、地下水、生活污水和工业废水等，参照标准为《水质 总有机碳的测定 燃烧氧化-非分散红外吸收法》（HJ 501—2009）。

一、实验目的
（1）掌握总有机碳的测定方法与原理。
（2）了解燃烧氧化-非分散红外吸收法。

二、实验原理

（一）差减法测定总有机碳

将试样连同净化气体分别导入高温燃烧管和低温反应管中，经高温燃烧管的试样被高温催化氧化，其中的有机碳和无机碳均转化为二氧化碳，经低温反应管的试样被酸化后，其中的无机碳分解成二氧化碳，两种反应管中生成的二氧化碳分别被导入非分散红外检测器。在特定波长下，一定质量浓度范围内二氧化碳的红外线吸收强度与其质量浓度成正比，由此可对试样总碳（TC）和无机碳（IC）进行定量测定。总碳与无机碳的差值，即为总有机碳。

（二）直接法测定总有机碳

试样经酸化曝气，其中的无机碳转化为二氧化碳被去除，再将试样注入高温燃烧管中，可直接测定总有机碳。由于酸化曝气会损失可吹扫有机碳（POC），故测得总有机碳值为不可吹扫有机碳（NPOC）。

三、仪器与试剂

（一）仪器

非分散红外吸收 TOC 分析仪、一般实验室常用仪器（比色管、刻度吸管、容量瓶等）。

注：除非另有说明，分析时均使用符合国家 A 级标准的玻璃量器。

（二）试剂

所用试剂除另有说明外，均应为符合国家标准的分析纯试剂。所用水均为无二氧化碳水。

（1）无二氧化碳水：将重蒸馏水在烧杯中煮沸蒸发（蒸发量10%），冷却后备用。也可使用纯水机制备的纯水或超纯水。无二氧化碳水应临用现制，并经检验 TOC 质量浓度不超过 0.5mg/L。

（2）硫酸（H_2SO_4）：$\rho(H_2SO_4)=1.84g/mL$。

（3）邻苯二甲酸氢钾（$KHC_8H_4O_4$）：优级纯。

（4）无水碳酸钠（Na_2CO_3）：优级纯。

（5）碳酸氢钠（$NaHCO_3$）：优级纯。

(6) 氢氧化钠溶液：$\rho(NaOH)=10g/L$。

(7) 有机碳标准储备液：$\rho(有机碳，C)=400mg/L$。准确称取邻苯二甲酸氢钾（预先在110～120℃干燥至恒重）0.8502g，置于烧杯中，加无二氧化碳水（1）溶解后，转移此溶液于1000mL容量瓶中，用无二氧化碳水（1）稀释至标线，混匀。

注：在4℃条件下可保存2个月。

(8) 无机碳标准储备液：$\rho(无机碳，C)=400mg/L$。准确称取无水碳酸钠（预先在105℃下干燥至恒重）1.7634g和碳酸氢钠（预先在干燥器内干燥）1.4000g，置于烧杯中，加无二氧化碳水（1）溶解后，转移此溶液于1000mL容量瓶中，用无二氧化碳水（1）稀释至标线，混匀。

注：在4℃条件下可保存两周。

(9) 差减法标准使用液：$\rho(总碳，C)=200mg/L$，$\rho(无机碳，C)=100mg/L$。用单标线吸量管分别吸取50.00mL有机碳标准储备液（7）和无机碳标准储备液（8）于200mL容量瓶中，用无二氧化碳水（1）稀释至标线，混匀。

注：在4℃条件下储存可稳定保存一周。

(10) 直接法标准使用液：$\rho(有机碳，C)=100mg/L$，用单标线吸量管吸取50.00mL有机碳标准储备液（7）于200mL容量瓶中，用无二氧化碳水（1）稀释至标线，混匀。

注：在4℃条件下储存可稳定保存一周。

(11) 载气：氮气或氧气，纯度大于99.99%。

四、实验步骤

(一) 样品

1. 样品采集与保存

参照项目二的相关内容采集样品。样品应采集在棕色玻璃瓶中并充满采样瓶，不留顶空。样品采集后应在24h内测定；否则应加入硫酸（1+1）将样品酸化至$pH \leqslant 2$，在4℃条件下可保存7d。

2. 样品预处理

取适量样品摇匀待测。差减法与直接法预处理步骤不同。差减法：经酸化的试样，需在测定前以氢氧化钠溶液（6）中和至中性。直接法：取一定体积酸化至$pH \leqslant 2$的试样直接注入TOC分析仪。

(二) 检测步骤

1. 标准曲线/标定

(1) 差减法。

1) 在一组7个100mL容量瓶中，分别加入0.00、2.00、5.00、10.00、20.00、40.00、100.00mL差减法标准使用液（9），用无二氧化碳水（1）稀释至标线，混匀。

2) 配制成总碳质量浓度为0.0、4.0、10.0、20.0、40.0、80.0、200.0mg/L和无机碳质量浓度为0.0、2.0、5.0、10.0、20.0、40.0、100.0mg/L的标准系列

溶液。

(2) 直接法。

1) 在一组 7 个 100mL 容量瓶中，分别加入 0.00、2.00、5.00、10.00、20.00、40.00、100.00mL 直接法标准使用液（10），用无二氧化碳水（1）稀释至标线，混匀。

2) 配制成有机碳质量浓度为 0.0、2.0、5.0、10.0、20.0、40.0、100.0mg/L 的标准系列溶液。

注：上述校准曲线浓度范围可根据仪器和测定样品种类的不同进行调整。

2. 测定

(1) 差减法。

1) 取一定体积经预处理的样品注入 TOC 分析仪进行测定，记录相应的响应值。

2) 以标准系列溶液质量浓度对应仪器响应值，分别绘制总碳和无机碳校准曲线。

(2) 直接法。

1) 取一定体积酸化至 pH≤2 的试样测定其响应值。

2) 以标准系列溶液质量浓度对应仪器响应值，绘制有机碳校准曲线。

3. 空白样品

用无二氧化碳水（1）代替试样，按照测定步骤 2 测定其响应值。每次试验应先检测无二氧化碳水（1）的 TOC 含量，测定值应不超过 0.5mg/L。

五、实验数据记录及处理

(一) 结果计算与表示

1. 结果计算步骤

(1) 差减法。根据所测试样响应值，由校准曲线计算出总碳和无机碳质量浓度。试样中总有机碳质量浓度为

$$\rho(TOC) = \rho(TC) - \rho(IC)$$

式中 $\rho(TOC)$——试样总有机碳质量浓度，mg/L；

$\rho(TC)$——试样总碳质量浓度，mg/L；

$\rho(IC)$——试样无机碳质量浓度，mg/L。

(2) 直接法。根据所测试样响应值，由校准曲线计算出总有机碳的质量浓度 $\rho(TOC)$。

2. 结果表示要求

当测定结果<100mg/L 时，保留到小数点后 1 位；≥100mg/L 时，保留 3 位有效数字。

(二) 撰写实验报告及实验记录表

总有机碳测定原始记录表见表 3-35。

表 3-35　　　　　　　　　　总有机碳测定原始记录表

测定方法					
仪器名称					
标液浓度		选用方法（差减法/直接法）：			
工作曲线编号	标样体积/mL	定容体积/mL	响应值		含量/μg
			仪器响应值	减空白	
1					
2					
3					
4					
5					
6					
7					

标准曲线方程：　　　　截距 a：　　斜率 b：　　相关系数 r：

样品名称	取样体积/mL	定容体积/mL	响应值		含量/(mg/L)
			仪器响应值	减空白	
样品 1					
样品 2					
样品 3					
样品 4					
样品 5					
计算公式					

实验人：　　　　　　实验时间：

六、思考与讨论

（1）总碳、总有机碳、无机碳的定义分别是什么？

（2）总有机碳在测定时，常见干扰共存离子是什么？如何消除这些干扰？

任务二十四　粪大肠菌群的测定——多管发酵法

多管发酵法适用于地表水、地下水、生活饮用水中粪大肠菌群的测定,参照标准为《水质　粪大肠菌群的测定　多管发酵法》(HJ 347.2—2018)。

一、实验目的

粪大肠菌群数量直接表明水体被粪便污染的程度,其作为一种指示微生物,被广泛用于指示水体的卫生质量。

通过学习本任务,掌握用多管发酵法测定粪大肠菌群的基本原理和操作过程,了解粪大肠菌群数量在饮水中的重要性。

二、实验原理

将样品加入含乳糖蛋白胨培养基的试管中,37℃初发酵富集培养,大肠菌群在培养基中生长繁殖分解乳糖产酸产气,产生的酸使溴甲酚紫指示剂由紫色变为黄色,产生的气体进入倒管中,指示产气。44.5℃复发酵培养,培养基中的胆盐三号可抑制革兰氏阳性菌的生长,最后产气的细菌确定为粪大肠菌群。通过查MPN(大肠菌群最可能数)表,得出粪大肠菌群浓度值。

三、仪器与试剂

(一)仪器

(1) 采样瓶:500mL 具螺旋帽或磨口塞的广口玻璃瓶。
(2) 高压蒸汽灭菌器:115℃、121℃可调。
(3) 恒温培养箱或水浴锅:允许温度偏差 37℃±0.5℃、44℃±0.5℃。
(4) pH 计:准确到 0.1pH 单位。
(5) 接种环:直径 3mm。
(6) 试管:300mL、50mL、20mL。
(7) 一般实验室常用仪器和设备。

注:玻璃器皿及采样器具要在试验前按无菌操作要求包扎,121℃高压蒸汽灭菌 20min 备用。

(二)试剂

(1) 单倍乳糖蛋白胨培养基:将 10g 蛋白胨、3g 牛肉浸膏、5g 乳糖及 5g 氯化钠加热溶解于 1000mL 水中,调节 pH 值至 7.2~7.4,再加入 1.6%溴甲酚紫乙醇溶液 1mL,充分混匀,分装于含有倒置小玻璃管的试管中,115℃高压蒸汽灭菌 20min,储存于冷暗处备用。也可选用市售成品培养基。

(2) 三倍乳糖蛋白胨培养基:称取三倍的乳糖蛋白胨培养基成分的量,溶于 1000mL 水中,配成三倍乳糖蛋白胨培养基,配制方法同上。

(3) EC 培养基:将 20g 胰胨、5g 乳糖、1.5g 胆盐三号、4g 磷酸氢二钾、1.5g 磷酸二氢钾、5g 氯化钠或含有上述成分的市售成品加热溶解于 1000mL 水中,然后分装于有玻璃倒管的试管中,115℃高压蒸汽灭菌 20min,灭菌后 pH 值应在 6.9 左右。

(4) 无菌水：取适量实验用水，经121℃高压蒸汽灭菌20min，备用。

(5) 硫代硫酸钠溶液：称取15.7g硫代硫酸钠，溶于适量水中，定容至100mL，临用现配。

(6) 乙二胺四乙酸二钠溶液：称取15g乙二胺四乙酸二钠，溶于适量水中，定容至100mL，此溶液可保存30d。

四、实验步骤

(一) 样品

1. 样品采集与保存

采集微生物样品时，采样瓶不得用样品洗涤，采集样品于灭菌的采样瓶中。清洁水体的采样量不低于400mL，其余水体采样量不低于100mL。

以采集河流、湖库等地表水样品为例，握住瓶子下部直接将带塞采样瓶插入水中，约距水面10~15cm处，瓶口朝水流方向，拔瓶塞，使样品灌入瓶内然后盖上瓶塞，将采样瓶从水中取出。如果没有水流，可握住瓶子水平往前推。采样量一般为采样瓶容量的80%左右。样品采集完毕后，迅速扎上无菌包装纸。

如果采集的是含有活性氯的样品，需在采样瓶灭菌前加入硫代硫酸钠溶液（5），以除去活性氯对细菌的抑制作用（每125mL容积加入0.1mL的硫代硫酸钠溶液）；如果采集的是重金属离子含量较高的样品，则在采样瓶灭菌前加入乙二胺四乙酸二钠溶液（6），以消除干扰（每125mL容积加入0.3mL的乙二胺四乙酸二钠溶液）。

采样后应在2h内检测；否则，应在10℃以下冷藏但不得超过6h。实验室接样后，不能立即开展检测的，将样品于4℃以下冷藏并在2h内检测。

2. 样品预处理

在进行样品处理和接种时，需提前打开细菌室或无菌操作台的紫外灯进行紫外消毒。

(二) 检测步骤

1. 样品稀释及接种

(1) 15管法。将样品充分混匀后，在5支装有已灭菌的5mL三倍乳糖蛋白胨培养基（2）的试管中（内有倒管）按无菌操作要求，各加入样品10mL；在5支装有已灭菌的10mL单倍乳糖蛋白胨培养基（1）的试管中（内有倒管），按无菌操作要求各加入样品1mL；在5支装有已灭菌的10mL单倍乳糖蛋白胨培养基（1）的试管中（内有倒管）按无菌操作要求各加入样品0.1mL。

对于受到污染的样品，先将样品稀释后再按照上述操作接种。以生活污水为例，先将样品稀释10^4倍，然后按照上述操作步骤分别接种10mL、1mL和0.1mL。15管法样品接种量参考表见表3-36。

当样品接种量小于1mL时，应将样品制成稀释样品后使用。按无菌操作要求方式吸取10mL充分混匀的样品，注入盛有90mL无菌水（4）的三角烧瓶中，混匀成1∶10稀释样品。吸取1∶10的稀释样品10mL注入盛有90mL无菌水（4）的三角烧瓶中，混匀成1∶100稀释样品。其他接种量的稀释样品以此类推。

表 3-36　　　　　　　　　　　　15 管法样品接种量参考表

样品类型		接种量/mL						
		10	1	0.1	10^{-2}	10^{-3}	10^{-4}	10^{-5}
地表水	水源水	▲	▲	▲				
	湖泊（水库）	▲	▲	▲				
	河流		▲	▲	▲			
废水	生活污水					▲	▲	▲
	工业废水 处理前					▲	▲	▲
	工业废水 处理后	▲	▲	▲				
地下水		▲	▲	▲				

注：吸取不同浓度的稀释液时，每次必须更换移液管。

（2）12 管法。生活饮用水等清洁水体也可使用 12 管法。

将样品充分混匀后，在 2 支装有已灭菌的 50mL 三倍乳糖蛋白胨培养基（2）的大试管中（内有倒管），按无菌操作要求各加入样品 100mL；在 10 支装有已灭菌的 5mL 三倍乳糖蛋白胨培养基（2）的试管中（内有倒管），按无菌操作要求各加入样品 10mL。

2. 初发酵试验

将接种后的试管，在 37℃±0.5℃下培养 24h±2h。发酵试管颜色变黄为产酸，小玻璃倒管内有气泡为产气。产酸和产气的试管表明试验阳性。如倒管内产气不明显，可轻拍试管，有小气泡升起的为阳性。

3. 复发酵试验

轻微振荡在初发酵试验中显示为阳性或疑似阳性（只产酸未产气）的试管，用经火焰灼烧灭菌并冷却的接种环将培养物分别转接到装有 EC 培养基（3）的试管中。在 44.5℃±0.5℃下培养 24h±2h。转接后所有试管必须在 30min 内放进恒温培养箱或水浴锅中。培养后立即观察，倒管中产气证实为粪大肠菌群阳性。

4. 对照试验

（1）空白对照：每次试验都要用无菌水（4）按照检测步骤 1～检测步骤 3 进行实验室空白测定。

（2）阳性及阴性对照：将粪大肠菌群的阳性菌株（如大肠埃希氏菌）和阴性菌株（如产气肠杆菌）制成浓度为 300～3000MPN/L 的菌悬液，分别取相应体积的菌悬液按接种的要求接种于试管中，然后按初发酵试验和复发酵试验要求培养，阳性菌株应呈现阳性反应，阴性菌株应呈现阴性反应；否则，该次样品测定结果无效，应查明原因后重新测定。

五、实验数据记录及处理

（一）结果计算与表示

1. 结果判读和计数

接种 12 份样品时，查询标准方法附表可得每升粪大肠菌群 MPN 值。

接种 15 份样品时，查询标准方法附表得到 MPN 值，再按照下述公式换算样品中粪大肠菌群数（MPN/L）：

$$C = \frac{\text{MPN 值} \times 100}{f}$$

式中　C——样品中粪大肠菌群数，MPN/L；

　　MPN 值——每 100mL 样品中粪大肠菌群数，MPN/100mL；

　　100——10×10mL，其中，10 将 MPN 值的单位 MPN/100mL 转换为 MPN/L，10mL 为 MPN 表中最大接种量；

　　f——最大接种量，mL。

2. 实验记录及结果表示要求

测定结果保留到整数位，最多保留两位有效数字，当测定结果≥100MPN/L 时，以科学计数法表示；当测定结果低于检出限时，12 管法以"未检出"或＜3MPN/L 表示；15 管法以"未检出"或＜20MPN/L 表示。

（二）撰写实验报告及实验记录表

粪大肠菌群测定原始记录表见表 3-37。

表 3-37　　　　　　　粪大肠菌群测定原始记录表

测定方法									
仪器名称									
培养基灭菌温度/℃					培养温度/℃				
样品名称									
接种量/mL									
初发酵									
复发酵									
阳性管数/个									
查表结果：粪大肠菌群数　　　　MPN/100mL　　稀释倍数：　　　　结果：　　　　MPN/L									
实验人：　　　　　　　　实验时间：									

注　初发酵和复发酵后面的表格里，产酸、产气的用"＋"表示，否则用"－"表示。

六、思考与讨论

（1）简述多管发酵法测定粪大肠菌群的基本原理。

（2）简述培养基保存注意事项。

项目四

数据处理与水质评价

记录测定结果的有效数字位数应与所有计量器具、仪器设备的测定精度一致，不能任意多取或少取。检验人员在检测中不仅要精确测定各种数据、正确记录，而且要按运算规则进行准确计算检测结果。因为检测结果数值不仅表示被测项目含量多少，还反映了检测方法、检验过程的准确程度，所以正确地处理检测数据至关重要。其一，检测人员对检测方法中的计算公式应正确理解，保证检测数据的计算和计量单位之间转换不出差错，计算结果进行自校和复核。其二，检测结果的有效位数应与检测方法中的规定相符。

而开展水质监测的最终目的就是水质评价，水质评价的重要性不容忽视，它在水资源保护、环境管理以及人类健康保障等方面都发挥着至关重要的作用。水质评价通过定期监测和分析水体的各项指标，能够及时发现水质变化，识别潜在的水质问题，为及时采取措施提供依据。在发现水质问题后，相关部门可以迅速采取措施，防止污染进一步扩散，保护更多的水资源免受污染。水质评价结果为政府和相关机构提供了科学的数据支持，有助于制定更加合理的水资源保护政策和措施。因此，我们应该高度重视水质评价工作，加强水质监测和数据分析能力建设，为科学决策和有效管理提供有力支持。

任务一　数　据　处　理

一、有效数字及其运算规则

（一）有效数字

1. 定义

任何测量工具都有一定的测量准确度，如普通分析天平称量只能准确到 0.1mg，滴定管的读数只能准确到 0.01mL，因此在记录称量数据和滴定体积时，不仅要表示出数据的大小，而且要反映出测量的准确程度。所谓有效数字，就是实际能测到的数字，包括全部准确值和 1 位可疑值。

有效数字保留的位数，应根据分析方法与仪器的准确度来决定，一般使测得的数值中只有最后 1 位是可疑的。下面对分析中常用的几类仪器、量具举例说明。

（1）分析天平：万分之一分析天平进行称量时，有效数字可以记录到小数点后面第 4 位。例如用分析天平称取了 0.1230g 试样,这不仅表明试样的质量是 0.1230,还表示称量误差在±0.0001,该数有 4 位有效数字。这数值中 0.123 是准确的,最后 1 位数 0 是可疑的,可能有上下一个单位的误差,即其实际质量是在 0.1230g±0.0001g 范围内的某一数值。若记为 0.123,它只有 3 位有效数字,虽然从数字角度看,和 0.1230 没有区别,但是记录反映的测量准确度被缩小了 10 倍,反之若记为 0.12300,有 5 位有效数字,则无形中将测量准确度提高了 10 倍,因此,记录的数据必须是实际能测到的数字。

(2) 滴定管、移液管和吸量管:都能准确测量溶液体积到 0.01mL,其有效数字记录至毫升为单位的小数点后 2 位。所以当用 50mL 滴定管测量溶液体积时,如测量体积大于 10mL 小于 50mL,应记录为 4 位有效数字。例如写成 24.22mL;如测量体积小于 10mL,应记录为 3 位有效数字,例如写成 8.13mL。当用 25mL 移液管移取溶液时,应记录为 25.00mL;当用 5mL 吸量管吸取溶液时,应记录为 5.00mL。当用 250mL 容量瓶配制溶液时,则所配制溶液的体积应记录为 250.0mL。当用 50mL 容量瓶配制溶液时,则应记录为 50.00mL。

(3) 容量瓶、比色管:100~1000mL 容量瓶应记录至小数点后 1 位数字,50mL 以下的容量瓶应记录至小数点后 2 位数字,如单标线 A 级 50mL 容量瓶,准确容积为 50.00mL,有效数字为 4 位。比色管在检验中的稀释至刻度的操作可视同容量瓶的定容,可取 4 位有效数,但要注意的是其精度不如容量瓶。

(4) 紫外可见分光光度计最小分度值为 0.001(ABS 模式),因此,吸光度一般可记录到小数点后第 3 位,有效数字一般最多也只有 3 位。

(5) 带有计算机处理系统的分析仪器:往往根据计算机自身的设定打印或显示结果,可以有很多位数,但这并不增加仪器的精度和可读的有效位数,在一系列操作中,使用多种计量仪器时,有效数字以最少的一种记录仪器的位数表示。因此,色谱类的一般取 3 位有效数字,最多取 4 位,如液相的紫外检测器其实就是紫外可见分光光度计,气相类的如 FID(氢火焰离子化检测器),其实就是电流检测器,尽管仪器给出的信号值很多位,但其有效数与一般的电流表一样,同时色谱的有效数又受制于进样针的有效位数,如气相的 1.00μL,液相的 20.00μL。

2. 有效数字的确认

(1) 在确定有效数字的位数时,数字"0"是否为有效数字,取决于它在数据中所处的位置。在小数点前面的"0"只起定位作用,不是有效数字,数据中间和最后 1 位的"0"是有效数字。

(2) 在分析化学中常遇到 pH、pM、pC 等对数值,这些对数值的有效数字的位数只取决于小数点后数字的位数,而与整数部分无关,整数部分只起定位作用,不是有效数字。如 pH4.70,其有效数字位为 2 位,而不是 3 位,因整数的位数对数首数只与真数 10 的方次有关。

(3) 在计算过程中,还会遇到一些非测定值,如稀释倍数、浓缩倍数、分数等,它们的有效数字位数可以认为是无限多位的。例如:水的分子量=2×1.008+16.00=18.02,"2×1.008"中的"2",都不能看作 1 位有效数字。因为它们是非测量所得到的数,是自然数,其有效数字位数,可视为无限的。

(4)"四舍六入五成双"修约规则:根据《数值修约规则与极限数值的表示与判定》(GB/T 8170—2008)的标准,当尾数≤4时舍去,尾数≥6时进位。当尾数恰为5时,分两种情况:第一,5后面数字全部为0,则应视保留的末位数是奇数还是偶数,5前为偶数应将5舍去,5前为奇数则进位。第二,5后面的数字并非全部为0,则进1。

例如,27.4545保留3位有效数字为27.5,保留4位有效数字为27.45,保留5位有效数字为27.454。

(二) 运算规则

1. 加减法

在进行加减法时是各个数值的绝对误差的传递,因此它们的和或差的有效数字的保留,应以小数点后位数最少的数据为根据,即结果的绝对误差与各数中绝对误差最大的那个数相适应。例如:28.1+15.46+1.04643=?,相加的结果是44.60643,根据上面的规则,小数点后只能保留1位,故其值为44.6。也可以小数点后位数最少的数据28.1为准,将其他数修约为带1位小数的数,再相加求和,也得到同样结果为44.6。

2. 乘除法

在进行乘除法时各个数值的相对误差的传递,因此,所得结果的有效数字可按有效数字最少的数来保留,即结果的相对误差应与各数中相对误差最大的那个数相适应。例如:$0.0234 \times 17.854 / 128.6 = 0.0032487\cdots$,在上述的3个数中0.0234是有效数字最少的,是3位有效数字,因此计算结果也相应取3位有效数字,为0.00325。

3. 分析结果报出的位数

在报出分析结果时,除非特定要求,分析结果数据≥10%时,保留4位有效数字;数据在1%~10%之间时,保留3位有效数字;数据≤1%时,保留2位有效数字。

二、可疑数据的取舍

在定量分析工作中,我们经常做多次重复的测定,然后求出平均值。但是多次分析的数据是否都能参加平均值的计算,这是需要判断的。如果在消除系统误差后,所测得的数据出现显著的特大值或特小值,这样的数据是值得怀疑的。我们称这样的数据为可疑值,对可疑值应做如下判断:

(1)在分析实验过程中,已然知道某测量值是操作中的过失所造成的,应立即将此数据弃去。

(2)如找不出可疑值出现的原因,不应随意弃去或保留,而应按照下面介绍的方法来取舍。

(一) $4\bar{d}$ ("4乘平均偏差法")

例如我们测得一组的数据见表4-1。

表 4-1　　　　　　　　　　某次浑浊度实验的测量结果

测得值	31.18	31.56	31.23	31.35	31.32	$\overline{X}=31.27$
$\|d\|=\|x-z\|$	0.09		0.04	0.08	0.05	$\overline{d}=0.065$

从表 4-1 可知 31.56 为可疑值。$4\overline{d}$ 法计算步骤如下。

(1) 求可疑值以外其余数据的平均值 $\overline{x}_{n-1}$。

$$\overline{x}_{n-1}=\frac{31.18+31.23+31.35+31.32}{4}=31.27$$

(2) 求可疑值以外其余数据的平均偏差 $\overline{d}_{n-1}$。

$$\overline{d}_{n-1}=\frac{|d_1|+|d_2|+|d_3|+|d_4|}{n}=\frac{0.09+0.04+0.08+0.05}{4}=0.065$$

(3) 求可疑值和平均值之差的绝对值。

$$31.56-31.27=0.29$$

(4) 将此差值的绝对值与 $4\overline{d}_{n-1}$ 比较，若差值的绝对值 $\geqslant 4\overline{d}_{n-1}$ 则弃去，若小于 $4\overline{d}_{n-1}$ 则保留。

本例中：$4\overline{d}_{n-1}=4\times 0.065=0.26$，$0.29>0.26$，所以此值应弃去。

$4\overline{d}$ 法统计处理不够严格，但比较简单，不用查表，至今仍有人采用。$4\overline{d}$ 法仅适用于测定 4～8 个数据的检验。

(二) Q 检验法

Q 检验法的步骤如下。

(1) 将测定数据按大小顺序排列，即 x_1，x_2，…，x_n。

(2) 计算可疑值与最邻近数据之差，除以最大值与最小值之差，所得商称为 Q 值。由于测得值是按顺序排列，所以可疑值可能在首项或末项。

若可疑值出现在首项，则 $Q_{计算}=\dfrac{x_2-x_1}{x_n-x_1}$（检验 x_1）

若可疑值出现在末项，则 $Q_{计算}=\dfrac{x_n-x_{n-1}}{x_n-x_1}$（检验 x_n）

(3) 查表 4-2，若计算 n 次测量的 Q 计算值比表中查到的 Q 值大或相等则弃去，若小则保留。

Q 计算 $\geqslant Q$（弃去）

Q 计算 $< Q$（保留）

表 4-2　　　　　　舍弃商 Q 值表（置信度 90%、96% 和 99%）

测定次数 n	3	4	5	6	7	8	9	10
$Q(90\%)$	0.94	0.76	0.64	0.56	0.51	0.47	0.44	0.41
$Q(96\%)$	0.98	0.85	0.73	0.64	0.59	0.54	0.51	0.48
$Q(99\%)$	0.99	0.93	0.82	0.74	0.68	0.63	0.60	0.57

(4) Q 检验法适用于测定次数为 3～10 次的检验。

【例 4-1】 标定 NaOH 标准溶液时测得 4 个数据，0.2016、0.2019、0.2014、0.2012mol/L，试用 Q 检验法确定 0.2019 数据是否应舍去？（置信度 90%）

解：①排列：0.2012、0.2014、0.2016、0.2019mol/L。

②计算：$Q_{计算}=\dfrac{0.2019-0.2016}{0.2019-0.2012}=\dfrac{0.0003}{0.0007}=0.43$。

③查 Q 表，4 次测定的 Q 值 = 0.76，0.43 < 0.76。

④故数据 0.2019 应保留。

（三）格鲁布斯（Grubbs）法

(1) 将测定数据按大小顺序排列，即 x_1, x_2, …, x_n。

(2) 计算该组数据的平均值（$\overline{x}$）（包括可疑值在内）及标准偏差（S）。

(3) 若可疑值出现在首项，则 $T=\dfrac{\overline{x}-x_1}{S}$；若可疑值出现在末项，则 $T=\dfrac{x_n-\overline{x}}{S}$ 计算出 T 值后，再根据其置信度查 $T_{p,n}$ 值表（表 4-3），若 $T\geqslant T_{p,n}$，则应将可疑值弃去，否则应予保留。

表 4-3 $T_{p,n}$ 值表

测定次数 n	置信度 p		测定次数 n	置信度 p	
	95%	99%		95%	99%
1	1.15	1.15	12	2.29	2.55
4	1.46	1.49	13	2.33	2.61
5	1.67	1.75	14	2.37	2.66
6	1.82	1.94	15	2.41	2.71
7	1.94	2.10	16	2.44	2.75
8	2.03	2.22	17	2.47	2.79
9	2.11	2.32	18	2.50	2.82
10	2.18	2.41	19	2.53	2.85
11	2.23	2.48	20	2.56	2.88

(4) 如果可疑值有 2 个以上，而且又均在平均值（$\overline{x}$）的同一侧，如 x_1、x_2 均属可疑值时，则应检验最内侧的一个数据，即先检验 x_2 是否应弃去，如果 x_2 属于舍弃的数据，则 x_1 自然也应该弃去。在检验 x_2 时，测定次数应按 $(n-1)$ 次计算。如果可疑值有 2 个或 2 个以上，且又分布在平均值的两侧，如 x_1 和 x_n，均属可疑值，就应该分别先后检验 x_1 和 x_n 是否应该弃去，如果有一个数据决定弃去，再检验另一个数据时，测定次数应减少一次，同时应选择 99% 的置信度。

【例 4-2】 仍以上面 $4\overline{d}$ 法中的例子为例。

解：①将测定数据从小到大排列，即：31.18，31.23，31.32，31.35，31.56。

②计算 $\overline{x}=31.33$；$S=0.15$。

③可疑值出现在末端，31.56，$T=\dfrac{31.56-31.33}{0.15}=1.53$。

④查 T 值表，$T_{0.95,5}=1.67$。

⑤$T<T_{0.95,5}$，所以 30.56 应保留。

由上面的判断结果可知，三种方法对同一组数据中的可疑值的取舍可能得出不同的结论。这是由于 $4\overline{d}$ 法在数理统计上是不够严格的，这种方法把可疑值首先排除在外，然后进行检验，容易把原来属于有效的数据也舍弃掉，所以此法有一定局限性。Q 检验法符合数理统计原理，但只适用于一组数据中有一个可疑值的判断，而 Grubbs 法将正态分布中两个重要参数 $\overline{x}$ 及 S 引进，方法准确度较好。因此，三种方法以 Grubbs 法最合理而普遍适用，虽然计算上稍麻烦些，但小型计算器上都有计算标准偏差的功能键，所以这种方法仍然是可行的。

三、分析结果的统计学表示法——置信区间

置信区间是指由样本统计量所构造的总体参数的估计区间。在统计学中，一个概率样本的置信区间是对这个样本的某个总体参数的区间估计。

置信区间的计算需要用到样本均值、样本标准差和 t 分布的分位数。通常，我们可以按照以下步骤来计算置信区间：首先，计算样本均值和样本标准差；然后，基于这些统计量和所需的置信水平，使用适当的公式或统计软件来计算置信区间的上下限。

置信区间在数据分析中的应用非常广泛，它主要用于估计总体参数的范围，并给出这一估计的可靠性。置信区间在水质统计分析中扮演着重要的角色，它帮助研究人员确定水质参数的估计范围和准确性。以下是置信区间在水质统计分析中的一个应用实例：

假设一个研究机构想要评估某地区河流水质中的重金属含量是否超过安全标准。他们采集了多个样本，并测量了样本中的重金属浓度。接下来，他们可以利用这些样本数据来计算重金属浓度的置信区间。

首先，研究人员会计算样本数据的均值和标准差，这代表了样本中重金属浓度的中心趋势和离散程度。然后，基于这些统计量和所需的置信水平（比如 95% 的置信水平），他们可以使用适当的统计方法（如 t 分布或正态分布）来计算置信区间。

这个置信区间将给出一个范围，研究人员可以认为该范围内包含河流水质中重金属浓度的真实平均值的大部分可能性。如果这个置信区间的上限低于安全标准，那么研究人员可以比较有信心地认为该地区的河流水质在重金属含量方面符合安全要求。相反，如果置信区间的下限超过了安全标准，那么该地区的水质安全存在出现风险的可能性。

此外，置信区间的宽度也提供了关于估计准确性的信息。较窄的置信区间意味着估计更为精确，研究人员对水质参数的把握更加准确。而较宽的置信区间则表明存在较大的不确定性，可能需要更多的样本数据或更精确的测量方法来提高估计的准确性。

通过应用置信区间，研究人员能够量化水质参数的不确定性，并基于这些信息进行科学决策。这有助于监测水质状况、评估污染程度以及制定相应的水质管理政策。需要注意的是，在实际应用中，还需要考虑其他因素，如样本的代表性、数据的分布情况以及可能存在的其他影响因素，以更全面地评估水质状况。

任务二 误　差　分　析

一、基本统计量的计算

在化学分析中常用的基本统计量分为两类：一类表示数据的集中趋势，包括平均值和中位数；另一类表示数据的离散程度，包括绝对偏差及相对偏差、算术平均偏差、标准偏差、平均值的标准偏差、极差等。

（一）平均值

1. 总体与样本

总体（或母体）是指随机变量 x_i 的全体。样本（或子样）是指从总体中随机抽出的一组数据。

2. 总体平均值与样本平均值

在日常分析工作中，总是对某试样平行测定数次，取其算术平均值作为分析结果，若以 x_1，x_2，…，x_n 代表各次的测定值，n 代表平行测定的次数，$\bar{x}$ 平均代表样本平均值，则

$$\bar{x}_{平均} = \frac{x_1 + x_2 + \cdots + x_n}{n} = \frac{\sum_{i=1}^{n} x_i}{n}$$

样本平均值不是真实值，只能说是真实值的最佳估计，只有在消除系统误差之后并且测定次数趋于无穷大时，所得总体平均值 μ 才能代表真实值。

$$\mu = \lim_{n \to \infty} \frac{\sum_{i=1}^{n} x_i}{n}$$

（二）中位数

一组测量数据按大小顺序排列，中间一个数据即为中位数 x_m。当测定次数为偶数时，中位数为中间相邻两个数据的平均值。它的优点是能简便地说明一组测量数据的结果，不受两端具有过大误差的数据的影响。缺点是不能充分利用数据。

（三）绝对偏差及相对偏差

偏差有绝对偏差和相对偏差。

绝对偏差 $(d) = x_i - \bar{x}$

绝对偏差是指单次测定值与平均值的偏差。

相对偏差是指绝对偏差在平均值中所占的百分率。

$$相对偏差 = \frac{x_i - \bar{x}}{\bar{x}} \times 100\%$$

绝对偏差和相对偏差都有正、负之分，单次测定的偏差之和等于零。

对多次测定数据的精密度常用算术平均偏差（$\bar{d}$）表示。

（四）算术平均偏差

算术平均偏差是指单次测定值与平均值的偏差（取绝对值）之和，除以测定次数，即

算术平均偏差　　　　　$(\overline{d}) = \dfrac{\sum |x_i - \overline{x}|}{n} (i = 1, 2, \cdots, n)$

$$相对平均偏差 = \dfrac{\overline{d}}{\overline{x}} \times 100\%$$

算术平均偏差和相对平均偏差不计正负。

【例 4-3】 计算下面这一组测量值的平均值（$\overline{x}$），算术平均偏差（$\overline{d}$）和相对平均偏差。

解： 55.51，55.50，55.46，55.49，55.51

$$平均值 (\overline{x}) = \dfrac{\sum x_i}{n} = \dfrac{55.51 + 55.50 + 55.46 + 55.49 + 55.51}{5} = 55.49$$

$$算术平均偏差 (\overline{d}) = \dfrac{\sum |x_i - \overline{x}|}{n} = \dfrac{0.02 + 0.01 + 0.03 + 0.00 + 0.02}{5} = 0.016$$

$$相对平均偏差 = \dfrac{\overline{d}}{\overline{x}} \times 100\% = \dfrac{0.016}{55.49} \times 100\% = 0.028\%$$

（五）标准偏差

在数理统计中常用标准偏差来衡量精密度。

1. 总体标准偏差

总体标准偏差是用来表达测定数据的分散程度，其数学表达式为

总体标准偏差　　　　　$(\sigma) = \sqrt{\dfrac{\sum (x_i - \mu)^2}{n}}$

2. 样本标准偏差

一般测定次数有限，μ 值不知道，只能用样本标准偏差来表示精密度，其数学表达式（贝塞尔公式）为

样本标准偏差　　　　　$(S) = \sqrt{\dfrac{\sum (x_i - \overline{x})^2}{n - 1}}$

上式中（$n-1$）在统计学中称为自由度，意思是在 n 次测定中，只有（$n-1$）个独立可变的偏差，因为 n 个绝对偏差之和等于零，所以，只要知道（$n-1$）个绝对偏差，就可以确定第 n 个的偏差值。

3. 相对标准偏差

标准偏差在平均值中所占的百分率称作相对标准偏差，也称变异系数或变动系数（c_v）。其计算式为

$$c_v = \dfrac{S}{\overline{x}} \times 100\%$$

用标准偏差表示精密度比用算术平均偏差表示要好。因为单次测定值的偏差经平方以后，较大的偏差就能显著地反映出来。所以生产和科研的分析报告中常用 c_v 表示精密度。

（六）平均值的标准偏差

前面介绍了用标准偏差（S）来衡量测量的精密度。但是标准偏差（S）只是表示一组测定数据的单次测定值（x）的精密度。如果我们对某些组的一系列试样

进行重复测定，则每组的平均值 $\bar{x}$ 还是不相等的，它们之间也还有分散性，当然比单次测定的分散程度要小得多。为说明平均值之间的精密度，我们引用平均值的标准偏差（$S_{\bar{x}}$）表示。数理统计方法已证明标准偏差（S）与平均值的标准偏差（$S_{\bar{x}}$）之间存在如下关系：

$$S_{\bar{x}} = \frac{S}{\sqrt{n}}$$

上式说明平均值的标准偏差（$S_{\bar{x}}$）与测定次数 n 的平方根成反比。增加测定次数可以提高测量的精密度，使所得的平均值更接近真值（不存在系统误差时）。但测定次数太多亦无益，由图 4-1 可知，当测量次数超过 5 次后，$S_{\bar{x}}$ 的减小已变慢，故实际分析实验中重复测定次数一般不超过 5 次。

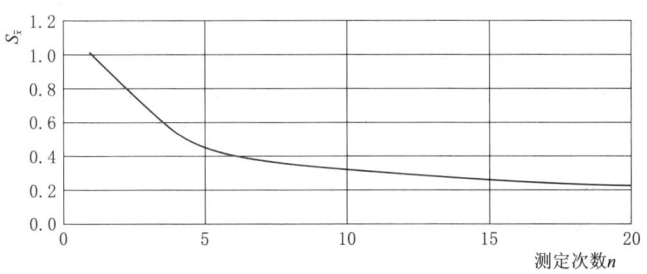

图 4-1 平均值的标准偏差与测定次数的关系

例如，现有两组测量结果，各次测量的偏差分别为

第一组 +0.3，+0.2，+0.4，-0.2，-0.4，+0.0，+0.1，-0.3，+0.2，-0.3

第二组 0.0，+0.1，-0.7，+0.2，+0.1，-0.2，+0.6，+0.1，-0.3，+0.1

两组的算术平均偏差 $\bar{d}$ 分别为

第一组 $\bar{d}_1 = \dfrac{\sum |d_i|}{n} = 0.24$

第二组 $\bar{d}_2 = \dfrac{\sum |d_i|}{n} = 0.24$

从两组的算术平均偏差（$\bar{d}$）的数据看，都等于 0.24，说明两组的算术平均偏差相同。但很明显可以看出第二组的数据较分散，其中有两个数据即 -0.7 和 +0.6 偏差较大。用算术平均偏差（$\bar{d}$）表示显示不出这个差异，但用标准偏差（S）表示时，就明显地显出第二组数据偏差较大。各次的标准偏差（S）分别为

第一组 $S_1 = \sqrt{\dfrac{\sum(x_i - \bar{x})^2}{n-1}} = 0.28$

第二组 $S_2 = \sqrt{\dfrac{\sum(x_i - \bar{x})^2}{n-1}} = 0.34$

由此说明第一组的精密度较好。

（七）极差

一般分析中，平行测定次数不多，常采用极差（R）来说明偏差的范围，极差

也称"全距"。

$$R = 测定最大值 - 测定最小值$$

二、误差来源的分析

误差来源主要为系统误差和偶然误差，除以上两类误差外，还有一种误差称为过失误差，这种误差是由于操作不正确，粗心大意而造成的。例如加错试剂、读错砝码、溶液溅失等，皆可引起较大的误差。有较大误差的数值在找出原因后应弃去不用，绝不允许把过失误差当作偶然误差。只要工作认真、操作正确，过失误差是完全可以避免的。因此，接下来聚焦于系统误差和偶然误差的定义及产生原因分析。

（一）系统误差

系统误差——由于测定过程中某些固定的原因所造成的误差。其特点是：①系统误差具有单向性，在重复测量时测量值对真值来说具有单向性，要么都偏高或都偏低；②具有重现性，即在重复测量时该误差会重复出现；③具有恒定性，即在重复测量时系统误差的数值基本上恒定。系统误差不能通过增加平行测定次数和采取数理统计的方法消除。

（1）产生系统误差的主要原因如下。

1）仪器误差。这种误差是由于使用的仪器本身不够精密所造成的。如使用未经过校正的容量瓶、移液管和砝码等。

2）方法误差。这种误差是由于分析方法本身造成的。如在滴定过程中，由于反应不完全，化学计量点和滴定终点不相符合，以及由于条件没有控制好和发生其他副反应等原因，都会引起系统的测定误差。

3）试剂误差。这种误差是由于所用蒸馏水含有杂质或所使用的试剂不纯所引起的。

4）操作误差。这种误差是由于分析工作者掌握分析操作的条件不熟练、个人观察器官不敏锐和固有的习惯所致。如对滴定终点颜色的判断偏深或偏浅、对仪器刻度标线读数不准确等都会引起测定误差。

（2）系统误差校正方法如下。

1）对照试验。采用标准样品、标准方法、加标回收率三种对照试验方法中任何一种或多种，将所得结果进行统计检验以确定是否存在系统误差。

2）空白试验。在不加试样下，按分析方法测量所得测量值为空白值，这类试验称空白试验。将试样的测量值减去空白值，可以校正试剂、器皿及去离子水等引起的系统误差。

3）仪器校正。对化学分析中常用计量仪器如天平、滴定管、容量瓶和移液管等进行校正。

（二）偶然误差

偶然误差又称随机误差，是指测定值受各种因素的随机变动而引起的误差。例如，测量时的环境温度、湿度和气压的微小波动，仪器性能的微小变化等，都会使分析结果在一定范围内波动。偶然误差的形成取决于测定过程中一系列随机因素，其大小和方向都是不固定的。因此，无法测量，也不可能校正，所以偶然误差又称不可测误差，它是客观存在的，是不可避免的。

从表面上看，偶然误差似乎是没有规律的，但是在消除系统误差之后，在同样条件下，进行反复多次测定，发现偶然误差还是有规律的，它遵从正态分布规律，图4-2为σ不同的两条偶然误差的正态分布曲线，也是测量值的正态分布曲线。

从正态分布曲线上反映出偶然误差的规律有：

(1) 绝对值相等的正误差和负误差出现的概率相同，呈对称性。

(2) 绝对值小的误差出现的概率大，绝对值大的误差出现的概率小，绝对值很大的误差出现的概率非常小。亦即误差有一定的实际极限。

根据统计学理论，正态分布曲线的数学表达式为

$$y = f(x) = \frac{1}{\sigma\sqrt{2\pi}} e^{\frac{-(x-\mu)^2}{2\sigma^2}}$$

式中　y——概率密度；

　　　μ——总体平均值（代表真实值）；

　　　σ——总体标准偏差，从总体平均值μ到正态分布曲线上2个拐点中任何一个拐点的距离；

　　　x——测定值；

　　　$x-\mu$——偶然误差；

　　　e——自然对数的底，e=2.718；

　　　π——圆周率。

此曲线的形状与σ大小有关。若将横坐标改用u为单位表示，$u = \frac{x-\mu}{\sigma}$，则将正态分布曲线标准化，此时 $y = \phi(u) = \frac{1}{\sqrt{2\pi}} e^{\frac{-u^2}{2}}$，其曲线的形状与σ的大小无关，便于积分计算各区间的概率，如图4-2所示。

μ和σ是正态分布函数中的两个基本参数，μ反映数据的集中趋势，大多数测定值集中在μ值附近。σ反映数据的分散程度，由曲线波峰的宽度反映出来。图4-3表示平均值相同而精密度不同的两组数据的正态分布情况。显然，σ_2的分散程度比σ_1的大。σ越大，测定值越分散，精密度越低。

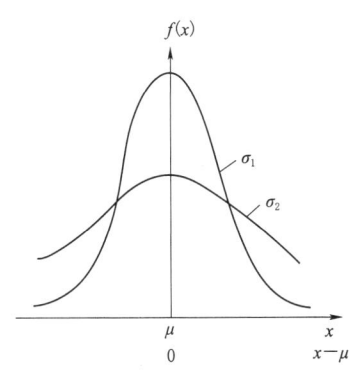

图4-2　正态分布曲线

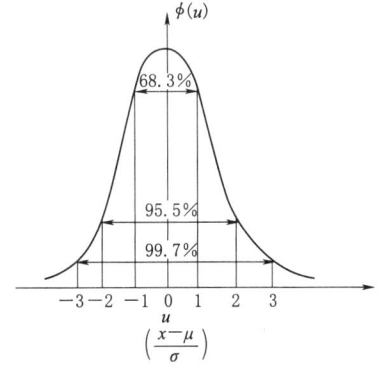

图4-3　标准正态分布曲线

(三) 偶然误差的区间概率

正态分布曲线和横坐标所围的面积表示全部数据出现概率的总和，应当是100%，即概率 $p=1$。概率计算公式：$p=\int_{u_1}^{u_2}\frac{1}{\sqrt{2\pi}}\mathrm{e}^{\frac{-u^2}{2}}du$，当 $u_1=-\infty$，$u_2=+\infty$ 时，则 $p=1$。在某一区间出现的概率，可以取不同 u 值进行积分得到，一般不用我们运算，可查正态分布概率积分表（误差方面书上都有）。例如：$u=\pm 1$，即测定值 x 在 $\mu\pm\sigma$ 区间的概率为 68.3%；$u=\pm 2$，x 在 $\mu\pm 2\sigma$ 区间的概率为 95.5%；$u=\pm 3$，x 在 $\mu\pm 3\sigma$ 区间的概率为 99.7%。

$u=\pm 1.96$，概率为 95.0%；$u=\pm 2.58$，概率为 99.0%（图 4-3）。测定值超过 $\mu\pm 3\sigma$ 的只有 0.3%，所以，特大的误差出现的概率接近零。在通常的分析工作中，一般只进行少数几次测定，出现大误差是不大可能的，如果一旦出现，有理由认为它不是由偶然误差引起的，应该将这个数据弃去。

根据上述规律，为了减少偶然误差，应该重复多做几次平行实验并取其平均值。这样可使正负偶然误差相互抵消，在消除系统误差的条件下，平均值就可能接近真实值。

三、标准曲线法的应用

（一）标准曲线法

标准曲线法是最常用的定量方法，该法先配制一系列浓度（自变量，以 x 表示）不同的标准溶液，在与试样相同的测量条件下，分别测量其相应的物理量如吸光度值（以 y 表示）。以吸光度值为纵坐标，标准溶液对应的浓度值为横坐标，绘制标准曲线。然后测定样品的吸光度，从标准曲线上查出试样溶液的浓度。

标准曲线通常绘制在坐标纸上，绘制时需注意两个问题：①纵坐标和横坐标的取值要准确反映所测吸光度值和标准溶液浓度的有效数字；②由于测定误差，测出的值不可能是绝对地分布在过原点的直线上。因此所画直线要使测定的值尽可能均匀地分布在直线的两侧。目前为避免在绘制标准曲线时的人为因素，通常采用最小二乘法拟合出反映吸光度与浓度关系的一元线性回归方程，在数学称为回归分析法，其回归方程为

$$y=a+bx$$

其中截距 a、斜率 b 分别由以下公式计算：

$$a=\frac{\sum y_i}{n}-\frac{b\sum x_i}{n}=\overline{y}-b\overline{x}$$

$$b=\frac{\sum x_i y_i-\frac{1}{n}(\sum x_i)(\sum y_i)}{\sum x_i^2-\frac{1}{n}(\sum x_i)^2}$$

（二）截距检验（过零点检验）

理想的回归曲线，截距 $a=0$，曲线通过原点，由于存在难以控制的随机因素，多数曲线表现为 $a\neq 0$，不通过原点，遇此情况要检验其是否通过原点。

将截距 a 与 0 做 t 检验,当取 95% 置信水平时,经检验无显著性差异,表示截距检验合格,说明校准曲线的回归方程计算结果准确度高。将截距 a 与 0 做 t 检验,当取 95% 置信水平时,看有无显著性差异。

(三) 斜率的检验

在不同时间,制作同一条曲线,确定校准曲线是否稳定。(连续 7 天,每天做一条校准曲线,得到 7 条校准曲线。)

用斜率相对偏差检验:一般而言,分子吸收分光光度法要求其相对差值小于 5%;原子吸收分光光度法要求其相对差值小于 10%。

(四) 相关系数的检验

回归分析的方法总可以配出一条直线,但只有当自变量(x)与因变量(y)之间确有线性相关关系时回归方程才有实际意义。因此,得到的回归方程必须进行相关性检验。在分析测试中,一元回归分析习惯采用相关系数(r)来检验。相关系数检验的统计量为

$$r = \frac{\sum(x_i - \overline{x})(y_i - \overline{y})}{\sqrt{\sum(x_i - \overline{x})^2 \cdot \sum(y_i - \overline{y})^2}}$$

可以证明:上式中分子的绝对值永远不会大于分母的值,因此相关系数的取值为

$$0 \leqslant |r| \leqslant 1$$

相关系数的物理意义为以下几点。

(1) 当 $r = \pm 1$ 时,所有的实验点都落在回归线上,表示 y 与 x 之间存在着线性函数关系,实验误差等于零。r 为正值表示 x 与 y 之间为正相关,即斜率为正值。r 为负值时,表示 x 与 y 之间为负相关,即斜率为负值。

(2) 当 $r = 0 \sim 1$ 时,表示 x 与 y 之间有不同程度的相关,r 值越接近 1,x 与 y 之间线性关系越好。

(3) 当 $r = 0$ 时,表示 x 与 y 之间完全不存在直线关系。

由不同数目实验点制作的校正曲线,对相关系数的要求是不同的,两个实验点制作的校正曲线,肯定是一条直线,实验点数目增多,要求所有实验点都落在校正曲线上就难以做到。因此,对相关系数 r 在不同的显著性水平 a 和自由度 f 下有不同的要求。凡相关系数大于下表中的数值,即可判断线性关系是有意义的。不同置信度下的相关系数见表 4-4。

表 4-4 不同置信度下的相关系数

自由度 $f = n - 2$	显著性水平 a		
	0.05	0.10	0.01
1	0.997	0.9998	0.999999
2	0.950	0.990	0.999
3	0.878	0.959	0.991
4	0.811	0.917	0.974

续表

自由度 $f=n-2$	显著性水平 a		
	0.05	0.10	0.01
5	0.755	0.875	0.951
6	0.707	0.834	0.925
7	0.666	0.798	0.898
8	0.632	0.765	0.872

任务三 质 量 控 制

一、质量控制的意义

质量控制是指实验室利用现代科学管理的方法和技术控制与分析有关的各个环节,目的是把分析测试的误差控制在允许的范围内,保证分析的准确度和精密度。如果把涉及化学分析的人员、仪器设备、环境条件、试验方法、使用的材料和检测过程看成一个分析系统,则影响检测结果准确性的所有要素就是人、机、料、法、环和过程六个方面。因此从质量管理出发首先要解决三个问题:一是建立和确认检测方法解决其准确度问题,找出诸如检出限、线性范围、重复性、再现性、回收率、测量不确定度等反映方法性能的技术指标,建立可靠、稳定、能保证连续出具准确测定结果的分析系统;二是根据确认的测定结果编制标准操作程序,严格规定检测操作要求,包括依据性能指标制定的质量控制措施;三是在检测活动中,严格实施内部质量控制,从实施检测过程在线质量控制手段(诸如空白、重复、加标回收等)和分析系统核查两方面保证分析系统稳定。

质量控制贯穿于实验室全部质量活动的始终,包括分析前质量保证、分析中质量控制(又称检测结果的质量保证)、分析后质量评估三个阶段。

实验室质量控制技术可分为实验室内质量控制技术和实验室间质量控制技术两大类,后者也称实验室外部质量控制。本节仅简要介绍与化验员工作较密切相关的化学检测实验室内质量控制技术。

二、质量控制技术

实验室内质量控制技术包括采用标准物质监控、实验室内部比对、留样再测、加标回收、空白试验、平行样分析、标准曲线校正、仪器设备标定等方法。

(一) 采用标准物质监控

在质量控制中使用的有证标准物质按照基质匹配程度有两类:一类是简单基质,主要用作测量器具的校正;另一类是基质匹配或近似,通常称为实物标样,用于实验室内质量控制。实物标样提供了可靠的量值、不确定度及稳定性和均匀性,对结果的判断十分明确和有效,因此在新方法评估、检测过程控制、人员考核及实验室比对等方面得到广泛应用。

现以新方法评估为例说明其具体步骤:

(1) 按新方法对实物标样进行检测,通常平行测定次数 $n \geqslant 11$,至少 $n \geqslant 6$。

(2) 对测定结果进行异常值检验,常采用 Grubbs 法检验,在确认无异常值或排除异常值后,计算平行试验的平均值 $\bar{x}$ 和平均值标准偏差 $S_{\bar{x}}$。

(3) 结果比较,假设实物标样中被测物含量为 μ,标准不确定度为 u_r,用新方法测量结果被测物含量为 $\bar{x}$,标准不确定度 $u_1 = S_{\bar{x}}$,按下式进行判断:

$$|\bar{x} - \mu| \leqslant k(u_1 + u_r)1/2$$

式中,k 通常取 2。如果该式成立,说明新方法无显著差异。若不成立,说明存在差异,需要查找原因,重新验证。

（二）实验室内部比对

比对试验的目的是寻求比对因素对检测结果的影响，根据所选比对因素的不同，比对形式主要有人员比对、方法比对、仪器比对和留样再测等。根据其比对结果的符合程度，估计测定结果的可靠性。

目前实验室内部比对形式常用的是单因素比对形式，如人员比对，除检测人员不同外，其他因素如检测样品、检测方法、检测仪器和检测环境、时间都要相同。实验室内部比对的方法步骤大体分为：方案设计、组织实施和结果分析和评价。实验室内部比对试验数据样本量一般较少，不宜采用稳健统计技术，比对结果可采用参考标准方法的允许差来评定，即参与比对一方的测定值与参考值之差应不超过标准方法的允许差。判定计算公式为

$$D=(|x_i-x|/x)\times 100\%$$

式中　x_i——比对试验的测定值；

　　　x——参考方的测定值，即参考值。

当计算值 $D\leqslant$ 检测方法规定的允许差，则判定比对试验为符合，否则为不符合。

对于没有规定允许差的方法，可以根据所用仪器、参照类似方法的允许差以及分析结果的数量级等情况自行确定允许差。不同分析结果数量级的最大允许差见表 4-5。

表 4-5　　　　　　　　　不同分析结果数量级的最大允许差

分析结果数量级	10^{-4}	10^{-5}	10^{-6}	10^{-7}	10^{-8}	10^{-9}	10^{-10}
最大允许差	1%	2.5%	5%	10%	20%	30%	50%

（三）留样再测

留样再测是在不同的时间，对同一样品做再次的检测，若两次检测结果符合评价要求，说明该项检测能力持续有效，有利于监控检测结果的稳定性并了解其变化趋势。留样再测不同于平行试验，因两次测定时间间隔较长，其试验条件的不确定因素要多于平行试验。留样再测只能对检测结果的重复性进行控制而不能判断是否存在系统误差。

留样再测结果可以方法的再现性限 R 来判定。若某检测方法规定了再现性限 R（置信度为 95%）的计算公式为

$$R=0.0195+0.0529w_h$$

式中　R——再现性限；

　　　w_h——两次测定结果平均值（用百分数表示）。

若留样再测结果为：原来的为 0.26%；再次测定的为 0.20。$w_h=0.23\%$，$R=0.159+0.0529\times 0.23\%=1.96\%$；两次测试结果的绝对差值为 0.26%-0.20%=0.06%。因 0.06%<1.96%，所以留样再测结果符合再现性要求。

留样再测应注意所留样品的性能指标的稳定性，对于一些易挥发、易氧化等目标物性质不稳定的项目或难留存的样品，不宜采用留样再测。

(四) 加标回收

加标回收试验指在样品中加入一定量的被测组分后将其与样品同时测定,进行对照试验,考察加入的被测组分能否定量回收,通常以加标回收率(简称"回收率")来衡量,加标回收率是以分析结果的增量占添加的已知量的百分比表示。

加标回收在质量控制中起着十分重要的作用,用回收率可以评价方法的准确度、精密度和监控实验室的检测能力。根据加标样的不同,加标回收可分为空白样加标回收和待测样加标回收;根据加标方式的不同,加标回收可分为全程加标回收和过程加标回收,可由具体情况选择不同的加标方式。

影响加标回收率的因素有很多,包括测定方法本身的缺陷、加标量的水平及其准确性、加标体积、操作人员水平、样本底值和样品的均匀性等。其中,加标水平的原则是:通常标准物质的加入量与样品中被测组分的含量相等或接近为宜,若被测组分的含量较高,则加标后被测组分的总量不宜超过方法线性范围上限的90%,若其含量小于检出限,则按测定下限加标。

计算加标回收率的公式按不同的加标方式而定,如其加标方式为全程待测样加标方式,即称取试样质量 m,经处理得体积为 V 的待测溶液,测得溶液中待测组分质量浓度为 C_1。另取一份质量为 m 的试样,加入体积为 V_S、质量浓度为 C_S 的标准溶液,经同样的步骤处理得体积为 V 的待测溶液,测得溶液中待测组分质量浓度为 C_2。此时计算公式为

$$R = [(C_2 V - C_1 V) / C_S V_S] \times 100\%$$

加标回收结果的判定方法有如下几种:

(1) 按方法规定进行评价,若标准方法规定了加标回收率的允许范围,则按标准方法的允许范围进行评价。

(2) 按通用规范要求进行评价,被测组分质量分数小于 0.1mg/kg,回收率在 60%~120% 之间,质量分数为 0.1~1mg/kg,回收率在 80%~110% 之间;质量分数为 1~10.0mg/kg,回收率在 90%~110% 之间;质量分数大于 10mg/kg,回收率在 95%~105% 之间。

(五) 空白试验

空白试验是在不加被测样品的情况下,用与测定样品相同的方法和步骤进行测定的过程,空白试验测得的结果称为空白值。空白试验是一种常用的质量控制方法,空白值反映了仪器噪声、试剂、蒸馏水、实验器皿、实验环境和操作过程等因素对测定结果的综合影响。在痕量分析中,空白试验尤为重要,可以通过从测试结果中减去空白值,以减小系统误差。

空白试验可分为试剂空白和样品空白两种:试剂空白是指不加任何待测样品;样品空白是指用不含待测组分,但含有和样品基本相同的基体的空白样品。在光度分析中,样品空白是指不加显色剂的空白试验。

空白试验值的大小及其分散程度可反映出一个实验室及其分析人员的水平。在严格操作的条件下,空白试验值应在很小的范围内波动。在进行检测方法确认时,可以收集 20 个空白试验值,计算标准偏差及方法检出限,如计算出的检出限明显

高于标准方法中规定的检出限,则应进行原因查找,直至符合标准方法的要求;在日常检测时,空白试验应与样品测定同时进行,每次测定两个平行样,两个平行空白的相对偏差应小于50%,测定结果用空白试验结果进行校正,如果空白试验值明显超过正常值或方法确认时的空白控制限,则应该查找原因,重新测定。

(六) 平行样分析

平行样分析也称重复试验,即在重复性条件下,进行两次或多次测定。重复性条件指的是在同一实验室、由同一操作人员、使用同一仪器、用相同的测试方法、在同一时间段内对同一样品进行测定。平行样分析可分为全程平行样分析和部分过程平行样分析,前者是从取样开始直至报告测试结果的全过程,部分过程是指不含取样或仅在仪器检测过程的平行测定。

平行样分析的作用主要有两个:一是减少测量结果的随机误差,平行测试次数越多,随机误差越小,考虑测试成本,通常进行2~3次平行测试;二是评估测试方法的重复性条件精密度,通过平行测试计算其相对标准偏差来反映方法的重复性条件精密度。从而为选择测试方法和评估测试结果的可接受性作出决定。

平行样测试结果的可接受性可采用重复性限、相对偏差和实验室内变异系数等方式评估。

下面对重复性限作简要介绍:重复性限 S_r 是重复性条件下两次测量结果之差以95%的概率所存在的区间,假定多次测量结果呈正态分布,且标准差充分可靠,则重复性限 $S_r = 2.8S$,式中 S 为样本标准偏差:$S = \sqrt{\dfrac{\sum(x_i - \overline{x})^2}{n-1}}$。

当两次平行样测试结果的绝对值小于或等于重复性限,该平行测试结果可接受,若大于重复性限,此时,若4个测试结果的极差 R 小于或等于 $n=4$ 时概率水平为95%的临界极差 $CR_{0.95}(4)$,则取这4个测试结果的算术平均值作为报告结果。临界极差按下式计算:

$$CR_{0.95} = f(n)S_r$$

式中 $f(n)$ ——临界极差系数,可由表4-6查得。

表4-6 n 与 $f(n)$ 对应关系表

n	2	3	4	5	6	7	8	9	10
$f(n)$	2.8	3.3	3.6	3.9	4.0	4.2	4.3	4.4	4.5

若4个测试结果的极差 R 大于重复性临界极差,则取这4个测试结果的中位数作为报告结果。

(七) 标准曲线校正

有关标准曲线的绘制在上文已做介绍,制作标准曲线的试验点不少于5点,一般为5~7点,试验点要分布在整个线性范围内。由于仪器和方法原因,两个端点的测量误差较大,必要时需作双份平行样。在绘制标准曲线时,应做空白校正,然后进行回归计算,空白试验值不参与回归计算。对标准曲线的检验包括线性检验、截距检验和斜率检验。绘制标准曲线所依据的两个变量的线性关系决定标准曲线的质量，其相关系数要大于或等于0.99；截距要控制在0.01以下，甚至在0.005以下，如果截距过高，应根据影响因素找出原因；由于随机误差引起的斜率变化应在一定范围内，如对光度分析，其相对误差小于5%，对原子吸收，相对误差小于10%。

（八）仪器设备标定

仪器设备的使用、维护与管理是检测质量控制最重要的因素，每台仪器必须建立档案，包括负责人员、仪器设备检定、校准、使用记录、仪器设备的操作规程及使用注意事项等。仪器校准的量值溯源要规范，必须有相应的合格证书证明量值可溯源至国家测量标准文件。仪器校准和性能检查要有合适的时间间隔，检定周期通常为两年，仪器如经修理、搬动或发现仪器工作状态不正常时，都应进行重新检定，检定文件应妥善保管，以供查验。

任务四　水　质　评　价

水资源质量一般简称为水质，是指水体物理、化学及生物学的特征和性质。地表水资源质量评价是以地表水资源保护和管理为目标，根据地表水资源开发利用和保护要求，参考国家和有关用水部门制定的各类用水水质标准，对地表水水质状况进行的评价。

水质评价是合理开发利用和保护水资源的一项基本工作。根据不同评价类型，采用相应的水质标准。评价水环境质量，采用地面水环境质量标准；评价养殖水体的质量，采用渔业用水水质标准；评价集中式生活饮用水取水点的水源水质，采用地面水卫生标准；评价农田灌溉用水，采用农田灌溉水质标准。一般都以国家或地方政府颁布的各类水质标准作为评价标准。在无规定水质标准情况下，可采用水质基准或本水系的水质背景值作为评价标准。本文将以地表水资源质量评价为例，介绍水质评价的相关知识。

一、水质评价的步骤

（1）确定评价对象：根据评价目的，选择需要评价的水体作为评价对象。

（2）选定评价指标：参照国家标准，分析影响水质的主要因素，包括物理因素、化学因素和生物因素，将这些因素作为水质评价指标。选定评价指标的过程需要参考实际水环境状况。

（3）获取水质指标数据：指标数据的来源可以分为两类：一类是从水质数据库中获取的历史数据；另一类是利用仪器设备实时监控水质状况并获取实时数据。

（4）确定水质标准：水质等级的划分及各等级限值需以国家颁布的有关水环境质量标准为基础，以行业、地方标准为辅助。不同的水质标准可能会得出不同的水质评价结果，因此在评价前需明确水体的主要功能或主要目的。

（5）选定评价方法：根据评价需求和评价对象的特性，选择适合的水质评价方法。常见的评价方法包括水污染指数法、分级评价法、有机污染综合评价法等。

（6）进行水质评价：利用选定的评价方法，对评价对象进行水质评价，确定其水环境质量等级。

（7）结果确认：对评价结果进行分析和确认，确保其准确性和可靠性。

通过以上步骤，可以系统地进行水质评价，为水资源的保护和管理提供科学依据。

二、地表水水质评价

地表水水体类型包括河流、湖泊和水库。河流是具有较高的平均流速（>0.1m/s）、流向相对单一的水流运动。湖泊内水流运动相对较弱，水面平均流速一般介于0.001~0.01m/s之间，因此水力滞留时间低的超过1个月，高的达数百年，水库的水动力特征介于河流和湖泊之间。大型水库可以通过建造大坝蓄积大量水体，水力滞留时间较长，这类水库的水动力特性与湖泊接近。在河道上建造的一些水库，受径流调节和人为控制，水力滞留时间较短（小于两周），属于径流型水库，如葛洲坝水库、三门峡水库、小浪底水库等，其水动力特征与河流接近。

地表水评价的国家标准为《地表水环境质量标准》（GB 3838—2002），其在项目设置中针对河流和湖库设置了不同的评价项目，在对水库进行评价时，应根据水库的水力特性和规模特点，选择合适的评价项目和标准限值。《地表水环境质量标准》（GB 3838—2002）（见附录）。

三、评价方法

评价方法有两大类：一类是以水质的物理化学参数的实测值为依据的评价方法；另一类是以水生物种群与水质的关系为依据的生物学评价方法，本教材着重介绍采用较多的物理化学参数评价方法。其又分为：单项参数评价法和多项参数综合评价法（指数评价法）。

（一）单项参数评价法

1. 定义

单项参数评价法即用某一参数的实测浓度代表值与水质标准对比，判断水质的优劣或适用程度。

2. 应用实例

单项参数评价法在水质评价中的应用实例如下：

假设我们要对某湖泊的水体进行水质评价，特别关注其氨氮（NH_3-N）含量这一关键参数。氨氮是水质评价中常用的一个指标，它主要来源于生活污水、工业废水以及农田排水等，对水生生物和人类健康都有潜在的危害。

步骤一：确定氨氮的标准值。首先，我们需要根据相关的水质标准和法规，确定氨氮的标准值。比如，某湖泊的氨氮标准值为 1.0mg/L〔(GB 3838—2002) 中的Ⅲ类限值〕。

步骤二：收集实际数据。通过现场采样和实验室分析，我们得到该湖泊的氨氮实际值为 1.2mg/L。

步骤三：进行单项参数评价。单项参数评价法的核心是比较实际值与标准值的大小关系。在这个例子中，氨氮的实际值（1.2mg/L）超过了标准值（1.0mg/L），即该湖泊氨氮超Ⅲ类，对比 GB 3838—2002 中的限值规定，该湖泊氨氮的单项评价结果为Ⅳ类。

步骤四：评估影响。根据单项参数评价法的结果，我们可以得出该湖泊的氨氮含量超过了标准值，说明水体受到了氨氮的污染。这可能对湖泊的生态系统造成不利影响，如导致水生生物死亡、水体富营养化等。

步骤五：提出建议措施。基于单项参数评价法的结果，我们可以提出相应的建议措施，如加强周边污水处理厂的运行管理，减少氨氮的排放；实施湖泊的生态修复工程，提高水体的自净能力等。

需要注意的是，单项参数评价法虽然能够针对某一关键参数进行深入的评估，我们可以有针对性地评估某一关键参数在水质中的影响程度，为水资源的保护和管理提供科学依据，但可能无法全面反映水体的整体状况。因此，在实际应用中，我们往往还需要结合其他评价方法，如综合评价法，以更全面地了解水体的质量状况。

(二) 多项参数综合评价法

1. 定义

多项参数综合评价法把选用的若干参数综合成一个概括的指数来评价水质，又称指数评价法。指数评价法中的指数分为参数权重评分叠加型指数和参数相对质量叠加型指数两种。

参数权重评分叠加型指数的计算方法是，选定若干评价参数，按各项参数对水质影响的程度定出权重系数，然后将各参数分成若干等级，按质量优劣评分，最后将各参数的评分相加，求出综合水质指数。数值大表示水质好，数值小表示水质差。用这种指数表示水质，方法简明，计算方便。

参数相对质量叠加型指数的计算方法是，选定若干评价参数，把各参数的实际浓度与其相应的评价标准浓度相比，求出各参数的相对质量指数，然后求总和值。根据生物与环境条件相适应的原理建立起来的生物学评价方法，通过观测水生物的受害症状或种群组成，可以反映出水环境质量的综合状况，因而既可对水环境质量作回顾评价，又可对拟建工程的生态效应作影响评价，是物理化学参数评价方法的补充。缺点是难确定水污染物的性质和含量。

2. 应用实例

湖库营养化评价就是典型的多项参数综合评价法（参数权重评分叠加型指数法），湖库营养化评价在实际应用中非常重要。湖库营养状态评价项目应包括总磷、总氮、叶绿素a、高锰酸盐指数和透明度。其中，叶绿素a为必评项目。评价步骤如下：

(1) 采用线性插值法，按下表将单项水质浓度值转换为赋分值；

(2) 按下式计算营养状态指数 EI：

$$EI = \sum_{n=1}^{N} E_n / N$$

式中　EI——营养状态指数；

　　　E_n——评价项目赋分值；

　　　N——评价项目个数。

(3) 参照表4-7，根据营养状态指数确定营养状态分级。

为了让大家更好地理解营养化指数的计算方法，下面举一个计算实例。例如：一个水库总磷测值0.076mg/L、总氮测值3.16mg/L、叶绿素a测值0.0205mg/L、高锰酸盐指数测值2.7mg/L、透明度0.70m，现在需要利用上述监测值，对水库进行富营养化评价。

步骤一：采用线性插值法，将单项水质浓度值转换为赋分值。总磷浓度值为0.076mg/L，介于0.050～0.10mg/L之间，因此选择$Y(50, 60)$，$X(0.050, 0.10)$ 四个点拟合线性（可通过计算器、Excel，或者数学公式拟合方程），得到方程$Y = 200X + 40$。将0.076mg/L代入方程，求得$Y = 55.2$，即总磷的赋分值为55.2分。以相同的方法得到总氮、叶绿素a、高锰酸盐指数和透明度的赋分值分别为 72.9 分、56.6 分、43.5 分、56.0 分。

步骤二：计算营养状态指数 EI。$EI=(55.2+72.9+56.6+43.5+56.0)/5=56.8$。注意，当实验数据不满足上述 5 个项目时（叶绿素 a 为必评项目），也可计算其营养状态指数，但需在评价结果里对参评项目进行说明。

步骤三：得出评价结果。根据表 4-7，56.8 处于 $50<EI\leq 60$ 区间内，所以该水库的营养状态为轻度富营养。

表 4-7　　　　　水库营养状态评价标准及分级方法

营养状态分级 $EI=$营养状态指数		评价项目赋分值 E_n	总磷 /(mg/L)	总氮 /(mg/L)	叶绿素 a /(mg/L)	高锰酸盐指数 /(mg/L)	透明度 /m
贫营养 $0\leq EI\leq 20$		10	0.001	0.020	0.0005	0.15	10
		20	0.004	0.050	0.0010	0.4	5.0
中营养 $20<EI\leq 50$		30	0.010	0.10	0.0020	1.0	3.0
		40	0.025	0.30	0.0040	2.0	1.5
		50	0.050	0.50	0.010	4.0	1.0
富营养	轻度富营养 $50<EI\leq 60$	60	0.10	1.0	0.026	8.0	0.5
	中度富营养 $60<EI\leq 80$	70	0.20	2.0	0.064	10	0.4
		80	0.60	6.0	0.16	25	0.3
	重度富营养 $80<EI\leq 100$	90	0.90	9.0	0.40	40	0.2
		100	1.3	16.0	1.0	60	0.12

下面是一个参数相对质量叠加型指数评价法在水质评价中的应用实例：

假设我们要根据《地表水环境质量标准》（GB 3838—2002），对某河流的水质进行评价，选取了四个主要参数：溶解氧（DO）、氨氮（NH_3-N）、化学需氧量（COD）和总磷（TP）。每个参数都有一个标准值，即该参数在水质达标时的阈值。

步骤一：确定参数的标准值。例如，根据《地表水环境质量标准》（GB 3838—2002），溶解氧的Ⅲ标准限值是 5mg/L，氨氮的Ⅲ标准限值是 1.0mg/L，化学需氧量的Ⅲ标准限值是 20mg/L，总磷的Ⅲ标准限值是 0.2mg/L。

步骤二：收集实际数据。通过实地采样和实验室分析，得到该河流这四个参数的实际值。例如，溶解氧的实际值为 4mg/L，氨氮的实际值为 0.8mg/L，化学需氧量的实际值为 25mg/L，总磷的实际值为 0.3mg/L。

步骤三：计算相对质量。对于每个参数，计算其相对质量，即实际值与标准值的比值。溶解氧的相对质量＝实际值/标准值＝4/5＝0.8；氨氮的相对质量＝实际值/标准值＝0.8/0.5＝1.6；化学需氧量的相对质量＝实际值/标准值＝25/20＝1.25；总磷的相对质量＝实际值/标准值＝0.3/0.2＝1.5。

步骤四：叠加相对质量。将每个参数的相对质量进行叠加，以得到一个综合评价指数。这里可以采用加权平均法或其他合适的叠加方法。

综合评价指数＝∑(相对质量×权重)/参数数量

权重可以根据参数的重要性或对水质影响的程度进行分配。在这个例子中，假设所有参数的权重相同，即每个参数的权重为1。

综合评价指数＝(0.8＋1.6＋1.25＋1.5)/4＝1.3

步骤五：解释评价结果。根据计算得到的综合评价指数，可以对该河流的水质进行评价。指数越高，说明水质越差；指数越低，说明水质越好。可以将综合评价指数与水质分类标准进行比较，确定该河流的水质级别。同时，还可以将评价结果与历史数据或其他河流的数据进行比较，分析水质的变化趋势和影响因素。

需要注意的是，实际应用中可能涉及更多的水质参数和更复杂的评价标准。此外，不同地区的水质标准和权重分配也可能有所不同。因此，在应用参数相对质量叠加型指数评价法进行水质评价时，需要根据具体情况进行灵活调整和应用。

附　录

附录一　《地表水环境质量标准》（GB 3838—2002）（节选）

1　范围

1.1　本标准按照地表水环境功能分类和保护目标，规定了水环境质量应控制的项目及限值，以及水质评价、水质项目的分析方法和标准的实施与监督。

1.2　本标准适用于中华人民共和国领域内江河、湖泊、运河、渠道、水库等具有使用功能的地表水水域。具有特定功能的水域，执行相应的专业用水水质标准。

2　水域功能和标准分类

依据地表水水域环境功能和保护目标，按功能高低依次划分为五类：

Ⅰ类　主要适用于源头水、国家自然保护区；

Ⅱ类　主要适用于集中式生活饮用水地表水源地一级保护区、珍稀水生生物栖息地、鱼虾类产卵场、仔稚幼鱼的索饵场等；

Ⅲ类　主要适用于集中式生活饮用水地表水源地二级保护区、鱼虾类越冬场、洄游通道、水产养殖区等渔业水域及游泳区；

Ⅳ类　主要适用于一般工业用水区及人体非直接接触的娱乐用水区；

Ⅴ类　主要适用于农业用水区及一般景观要求水域。

对应地表水上述五类水域功能，将地表水环境质量标准基本项目标准值分为五类，不同功能类别分别执行相应类别的标准值。水域功能类别高的标准值严于水域功能类别低的标准值。同一水域兼有多类使用功能的，执行最高功能类别对应的标准值。实现水域功能与达功能类别标准为同一含义。

3　标准值

3.1　地表水环境质量标准基本项目标准限值见表1。

3.2　集中式生活饮用水地表水源地补充项目标准限值见表2。

3.3　集中式生活饮用水地表水源地特定项目标准限值见表3。

4　水质评价

4.1　地表水环境质量评价应根据应实现的水域功能类别，选取相应类别标准，进行单因子评价，评价结果应说明水质达标情况，超标的应说明超标项目和超标倍数。

4.2 丰、平、枯水期特征明显的水域,应分水期进行水质评价。

4.3 集中式生活饮用水地表水源地水质评价的项目应包括表1中的基本项目、表2中的补充项目以及由县级以上人民政府环境保护行政主管部门从表3中选择确定的特定项目。

表1 地表水环境质量标准基本项目标准限值 单位:mg/L

序号	标准值 分类 项目	Ⅰ类	Ⅱ类	Ⅲ类	Ⅳ类	Ⅴ类
1	水温/℃	人为造成的环境水温变化应限制在: 周平均最大温升≤1;周平均最大温降≤2				
2	pH值(无量纲)	6~9				
3	溶解氧≥	饱和率90%(或7.5)	6	5	3	2
4	高锰酸盐指数≤	2	4	6	10	15
5	化学需氧量(COD)≤	15	15	20	30	40
6	五日生化需氧量(BOD$_5$)≤	3	3	4	6	10
7	氨氮(NH$_3$-N)≤	0.15	0.5	1.0	1.5	2.0
8	总磷(以P计)≤	0.02(湖、库0.01)	0.1(湖、库0.025)	0.2(湖、库0.05)	0.3(湖、库0.1)	0.4(湖、库0.2)
9	总氮(湖、库,以N计)≤	0.2	0.5	1.0	1.5	2.0
10	铜≤	0.01	1.0	1.0	1.0	1.0
11	锌≤	0.05	1.0	1.0	2.0	2.0
12	氟化物(以F$^-$计)≤	1.0	1.0	1.0	1.5	1.5
13	硒≤	0.01	0.01	0.01	0.02	0.02
14	砷≤	0.05	0.05	0.05	0.1	0.1
15	汞≤	0.00005	0.00005	0.0001	0.001	0.001
16	镉≤	0.001	0.005	0.005	0.005	0.01
17	铬(六价)≤	0.01	0.05	0.05	0.05	0.1
18	铅≤	0.01	0.01	0.05	0.05	0.1
19	氰化物≤	0.005	0.05	0.2	0.2	0.2
20	挥发酚≤	0.002	0.002	0.005	0.01	0.1
21	石油类≤	0.05	0.05	0.05	0.5	1.0
22	阴离子表面活性剂≤	0.2	0.2	0.2	0.3	0.3
23	硫化物≤	0.05	0.1	0.2	0.5	1.0
24	粪大肠菌群/(个/L)≤	200	2000	10000	20000	40000

《地表水环境质量标准》（GB 3838—2002）（节选）

表 2　　　　集中式生活饮用水地表水源地补充项目标准限值　　　　单位：mg/L

序号	项目	标准值	序号	项目	标准值
1	硫酸盐（以 SO_4^{2-} 计）	250	4	铁	0.3
2	氯化物（以 Cl^- 计）	250	5	锰	0.1
3	硝酸盐（以 N 计）	10			

表 3　　　　集中式生活饮用水地表水源地特定项目标准限值　　　　单位：mg/L

序号	项目	标准值	序号	项目	标准值
1	三氯甲烷	0.06	29	六氯苯	0.05
2	四氯化碳	0.002	30	硝基苯	0.017
3	三溴甲烷	0.1	31	二硝基苯[④]	0.5
4	二氯甲烷	0.02	32	2,4-二硝基甲苯	0.0003
5	1,2-二氯乙烷	0.03	33	2,4,6-三硝基甲苯	0.5
6	环氧氯丙烷	0.02	34	硝基氯苯[⑤]	0.05
7	氯乙烯	0.005	35	2,4-二硝基氯苯	0.5
8	1,1-二氯乙烯	0.03	36	2,4-二氯苯酚	0.093
9	1,2-二氯乙烯	0.05	37	2,4,6-三氯苯酚	0.2
10	三氯乙烯	0.07	38	五氯酚	0.009
11	四氯乙烯	0.04	39	苯胺	0.1
12	氯丁二烯	0.002	40	联苯胺	0.0002
13	六氯丁二烯	0.0006	41	丙烯酰胺	0.0005
14	苯乙烯	0.02	42	丙烯腈	0.1
15	甲醛	0.9	43	邻苯二甲酸二丁酯	0.003
16	乙醛	0.05	44	邻苯二甲酸二（2-乙基己基）酯	0.008
17	丙烯醛	0.1	45	水合肼	0.01
18	三氯乙醛	0.01	46	四乙基铅	0.0001
19	苯	0.01	47	吡啶	0.2
20	甲苯	0.7	48	松节油	0.2
21	乙苯	0.3	49	苦味酸	0.5
22	二甲苯[①]	0.5	50	丁基黄原酸	0.005
23	异丙苯	0.25	51	活性氯	0.01
24	氯苯	0.3	52	滴滴涕	0.001
25	1,2-二氯苯	1.0	53	林丹	0.002
26	1,4-二氯苯	0.3	54	环氧七氯	0.0002
27	三氯苯[②]	0.02	55	对硫磷	0.003
28	四氯苯[③]	0.02	56	甲基对硫磷	0.002

续表

序号	项目	标准值	序号	项目	标准值
57	马拉硫磷	0.05	69	微囊藻毒素-LR	0.001
58	乐果	0.08	70	黄磷	0.003
59	敌敌畏	0.05	71	钼	0.07
60	敌百虫	0.05	72	钴	1.0
61	内吸磷	0.03	73	铍	0.002
62	百菌清	0.01	74	硼	0.5
63	甲萘威	0.05	75	锑	0.005
64	溴氰菊酯	0.02	76	镍	0.02
65	阿特拉津	0.003	77	钡	0.7
66	苯并（a）芘	2.8×10^{-6}	78	钒	0.05
67	甲基汞	1.0×10^{-6}	79	钛	0.1
68	多氯联苯⑥	2.0×10^{-5}	80	铊	0.0001

① 二甲苯：指对-二甲苯、间-二甲苯、邻-二甲苯。
② 三氯苯：指1,2,3-三氯苯、1,2,4-三氯苯、1,3,5-三氯苯。
③ 四氯苯：指1,2,3,4-四氯苯、1,2,3,5-四氯苯、1,2,4,5-四氯苯。
④ 二硝基苯：指对-二硝基苯、间-二硝基苯、邻-二硝基苯。
⑤ 硝基氯苯：指对-硝基氯苯、间-硝基氯苯、邻-硝基氯苯。
⑥ 多氯联苯：指 PCB-1016、PCB-1221、PCB-1232、PCB-1242、PCB-1248、PCB-1254、PCB-1260。

5 水质监测

5.1 本标准规定的项目标准值，要求水样采集后自然沉降30min，取上层非沉降部分按规定方法进行分析。

5.2 地表水水质监测的采样布点、监测频率应符合国家地表水环境监测技术规范的要求。

5.3 水质项目的分析方法应优先选用国家标准方法及国内行业标准方法规定的方法，也可采用ISO方法体系等其他等效分析方法，但须进行适用性检验。

6 标准的实施与监督

6.1 本标准由县级以上人民政府环境保护行政主管部门及相关部门按职责分工监督实施。

6.2 集中式生活饮用水地表水源地水质超标项目经自来水厂净化处理后，必须达到《生活饮用水卫生标准》（GB 5749—2022）的要求。

6.3 省、自治区、直辖市人民政府可以对本标准中未作规定的项目，制定地方补充标准，并报国务院环境保护行政主管部门备案。

附录二 《生活饮用水卫生标准》（GB 5749—2022）（节选）

1 范围

本文件规定了生活饮用水水质要求、生活饮用水水源水质要求、集中式供水单位卫生要求、二次供水卫生要求、涉及饮用水卫生安全的产品卫生要求、水质检验方法。

本文件适用于各类生活饮用水。

2 术语和定义

下列术语和定义适用于本文件。

2.1 生活饮用水

供人生活的饮水和用水。

2.2 集中式供水

自水源集中取水，通过输配水管网送到用户或者公共取水点的供水方式。

2.3 小型集中式供水

设计日供水量在 1000 m^3 以下或供水人口在 1 万人以下的集中式供水。

2.4 分散式供水

用户直接从水源取水，未经任何处理或仅有简易设施处理的供水方式。

2.5 出厂水

集中式供水单位完成处理工艺流程后即将进入输配水管网的水。

2.6 末梢水

出厂水经输配水管网输送至用户水龙头的水。

2.7 常规指标

反映生活饮用水水质基本状况的指标。

2.8 扩展指标

反映地区生活饮用水水质特征及在一定时间内或特殊情况下水质状况的指标。

3 生活饮用水水质要求

3.1 生活饮用水水质应符合下列基本要求，保证用户饮用安全：

a）生活饮用水中不应含有病原微生物；

b）生活饮用水中化学物质不应危害人体健康；

c）生活饮用水中放射性物质不应危害人体健康；

d）生活饮用水的感官性状良好；

e）生活饮用水应经消毒处理。

3.2 生活饮用水水质应符合表 1 和表 3 要求。出厂水和末梢水中消毒剂限值、消毒剂余量均应符合表 2 要求。

表 1　　　　　　　　　　生活饮用水水质常规指标及限值

序号	指　标	限　值
一、微生物指标		
1	总大肠菌群/(MPN/100mL 或 CFU/100mL)[a]	不应检出
2	大肠埃希氏菌/(MPN/100mL 或 CFU/100mL)[a]	不应检出
3	菌落总数/(MPN/mL 或 CFU/mL)[b]	100
二、毒理指标		
4	砷/(mg/L)	0.01
5	镉/(mg/L)	0.005
6	铬（六价）/(mg/L)	0.05
7	铅/(mg/L)	0.01
8	汞/(mg/L)	0.001
9	氰化物/(mg/L)	0.05
10	氟化物/(mg/L)[b]	1.0
11	硝酸盐（以 N 计）/(mg/L)[b]	10
12	三氯甲烷/(mg/L)[c]	0.06
13	一氯二溴甲烷/(mg/L)[c]	0.1
14	二氯一溴甲烷/(mg/L)[c]	0.06
15	三溴甲烷/(mg/L)[c]	0.1
16	三卤甲烷（三氯甲烷、一氯二溴甲烷、二氯一溴甲烷、三溴甲烷的总和）[c]	该类化合物中各种化合物的实测浓度与其各自限值的比值之和不超过 1
17	二氯乙酸/(mg/L)[c]	0.05
18	三氯乙酸/(mg/L)[c]	0.1
19	溴酸盐/(mg/L)[c]	0.01
20	亚氯酸盐/(mg/L)[c]	0.7
21	氯酸盐/(mg/L)[c]	0.7
三、感官性状和一般化学指标[d]		
22	色度（铂钴色度单位）/度	15
23	浑浊度（散射浑浊度单位）/NTU[b]	1
24	臭和味	无异臭、异味
25	肉眼可见物	无
26	pH 值	不小于 6.5 且不大于 8.5
27	铝/(mg/L)	0.2
28	铁/(mg/L)	0.3
29	锰/(mg/L)	0.1
30	铜/(mg/L)	1.0
31	锌/(mg/L)	1.0
32	氯化物/(mg/L)	250

续表

序号	指标	限值
33	硫酸盐/(mg/L)	250
34	溶解性总固体/(mg/L)	1000
35	总硬度（以 $CaCO_3$ 计）/(mg/L)	450
36	高锰酸盐指数（以 O_2 计）/(mg/L)	3
37	氨（以 N 计）/(mg/L)	0.5
四、放射性指标[e]		
38	总 α 放射性/(Bq/L)	0.5（指导值）
39	总 β 放射性/(Bq/L)	1（指导值）

a MPN 表示最可能数；CFU 表示菌落形成单位。当水样检出总大肠菌群时，应进一步检验大肠埃希氏菌；当水样未检出总大肠菌群时，不必检验大肠埃希氏菌。

b 小型集中式供水和分散式供水因水源与净水技术受限时，菌落总数指标限值按 500MPN/mL 或 500CFU/mL 执行，氟化物指标限值按 1.2mg/L 执行，硝酸盐（以 N 计）指标限值按 20mg/L 执行，浑浊度指标限值按 3NTU 执行。

c 水处理工艺流程中预氧化或消毒方式：
——采用液氯、次氯酸钙及氯胺时，应测定三氯甲烷、一氯二溴甲烷、二氯一溴甲烷、三溴甲烷、三卤甲烷、二氯乙酸、三氯乙酸；
——采用次氯酸钠时，应测定三氯甲烷、一氯二溴甲烷、二氯一溴甲烷、三溴甲烷、三卤甲烷、二氯乙酸、三氯乙酸、氯酸盐；
——采用臭氧时，应测定溴酸盐；
——采用二氧化氯时，应测定亚氯酸盐；
——采用二氧化氯与氯混合消毒剂发生器时，应测定亚氯酸盐、氯酸盐、三氯甲烷、一氯二溴甲烷、二氯一溴甲烷、三溴甲烷、三卤甲烷、二氯乙酸、三氯乙酸；
——当原水中含有上述污染物，可能导致出厂水和末梢水的超标风险时，无论采用何种预氧化或消毒方式，都应对其进行测定。

d 当发生影响水质的突发公共事件时，经风险评估，感官性状和一般化学指标可暂时适当放宽。

e 放射性指标超过指导值（总 β 放射性扣除 ^{40}K 后仍然大于 1Bq/L），应进行核素分析和评价，判定能否饮用。

表 2　　　　生活饮用水消毒剂常规指标及要求

序号	指标	与水接触时间/min	出厂水和末梢水限值/(mg/L)	出厂水余量/(mg/L)	末梢水余量/(mg/L)
40	游离氯[a,d]	≥30	≤2	≥0.3	≥0.05
41	总氯[b]	≥120	≤3	≥0.5	≥0.05
42	臭氧[c]	≥12	≤0.3	—	≥0.02 如采用其他协同消毒方式，消毒剂限值及余量应满足相应要求
43	二氧化氯[d]	≥30	≤0.8	≥0.1	≥0.02

a 采用液氯、次氯酸钠、次氯酸钙消毒方式时，应测定游离氯。

b 采用氯胺消毒方式时，应测定总氯。

c 采用臭氧消毒方式时，应测定臭氧。

d 采用二氧化氯消毒方式时，应测定二氧化氯；采用二氧化氯与氯混合消毒剂发生器消毒方式时，应测定二氧化氯和游离氯。两项指标均应满足限值要求，至少一项指标应满足余量要求。

表 3　　生活饮用水水质扩展指标及限值

序号	指标	限值
一、微生物指标		
44	贾第鞭毛虫/(个/10L)	<1
45	隐孢子虫/(个/10L)	<1
二、毒理指标		
46	锑/(mg/L)	0.005
47	钡/(mg/L)	0.7
48	铍/(mg/L)	0.002
49	硼/(mg/L)	1.0
50	钼/(mg/L)	0.07
51	镍/(mg/L)	0.02
52	银/(mg/L)	0.05
53	铊/(mg/L)	0.0001
54	硒（mg/L)	0.01
55	高氯酸盐/(mg/L)	0.07
56	二氯甲烷/(mg/L)	0.02
57	1,2-二氯乙烷/(mg/L)	0.03
58	四氯化碳/(mg/L)	0.002
59	氯乙烯/(mg/L)	0.001
60	1,1-二氯乙烯/(mg/L)	0.03
61	1,2-二氯乙烯（总量）/(mg/L)	0.05
62	三氯乙烯/(mg/L)	0.02
63	四氯乙烯/(mg/L)	0.04
64	六氯丁二烯/(mg/L)	0.0006
65	苯/(mg/L)	0.01
66	甲苯/(mg/L)	0.7
67	二甲苯（总量）/(mg/L)	0.5
68	苯乙烯/(mg/L)	0.02
69	氯苯/(mg/L)	0.3
70	1,4-二氯苯/(mg/L)	0.3
71	三氯苯（总量）/(mg/L)	0.02
72	六氯苯/(mg/L)	0.001
73	七氯/(mg/L)	0.0004
74	马拉硫磷/(mg/L)	0.25
75	乐果/(mg/L)	0.006
76	灭草松/(mg/L)	0.3

续表

序号	指标	限值
77	百菌清/(mg/L)	0.01
78	呋喃丹/(mg/L)	0.007
79	毒死蜱/(mg/L)	0.03
80	草甘膦/(mg/L)	0.7
81	敌敌畏/(mg/L)	0.001
82	莠去津/(mg/L)	0.002
83	溴氰菊酯/(mg/L)	0.02
84	2,4-滴/(mg/L)	0.03
85	乙草胺/(mg/L)	0.02
86	五氯酚/(mg/L)	0.009
87	2,4,6-三氯酚/(mg/L)	0.2
88	苯并（a）芘/(mg/L)	0.00001
89	邻苯二甲酸二（2-乙基己基）酯/(mg/L)	0.008
90	丙烯酰胺/(mg/L)	0.0005
91	环氧氯丙烷/(mg/L)	0.0004
92	微囊藻毒素-LR（藻类暴发情况发生时）/(mg/L)	0.001
三、感官性状和一般化学指标[a]		
93	钠/(mg/L)	200
94	挥发酚类（以苯酚计）/(mg/L)	0.002
95	阴离子合成洗涤剂/(mg/L)	0.3
96	2-甲基异莰醇/(mg/L)	0.00001
97	土臭素/(mg/L)	0.00001

[a] 当发生影响水质的突发公共事件时，经风险评估，感官性状和一般化学指标可暂时适当放宽。

4 生活饮用水水源水质要求

4.1 采用地表水为生活饮用水水源时，水源水质应符合 GB 3838 要求。

4.2 采用地下水为生活饮用水水源时，水源水质应符合 GB/T 14848—2017 中第 4 章的要求。

4.3 水源水质不能满足 4.1 或 4.2 要求，不宜作为生活饮用水水源。但限于条件限制需加以利用时，应采用相应的净水工艺进行处理，处理后的水质应满足本文件要求。

5 集中式供水单位卫生要求

集中式供水单位卫生要求应符合《生活饮用水集中式供水单位卫生规范》规定。

6 二次供水卫生要求

二次供水的设施和处理要求应符合 GB 17051 规定。

7 涉及饮用水卫生安全的产品卫生要求

7.1 处理生活饮用水采用的絮凝、助凝、消毒、氧化、吸附、pH值调节、防锈、阻垢等化学处理剂不应污染生活饮用水,应符合 GB/T 17218—1998 中第 3 章的规定;消毒剂和消毒设备应符合《生活饮用水消毒剂和消毒设备卫生安全评价规范(试行)》规定。

7.2 生活饮用水的输配水设备、防护材料和水处理材料不应污染生活饮用水,应符合 GB/T 17219—1998 中第 3 章的规定。

8 水质检验方法

各指标水质检验的基本原则和要求按照 GB/T 5750.1 执行,水样的采集与保存按照 GB/T 5750.2 执行,水质分析质量控制按照 GB/T 5750.3 执行,对应的检验方法按照 GB/T 5750.4~GB/T 5750.13 执行。

附录三 《地下水质量标准》
(GB/T 14848—2017)(节选)

1 范围

本标准规定了地下水质量分类、指标及限值,地下水质量调查与监测,地下水质量评价等内容。

本标准适用于地下水质量调查、监测、评价与管理。

2 术语和定义

下列术语和定义适用于本文件。

2.1 地下水质量

地下水的物理、化学和生物性质的总称。

2.2 常规指标

反映地下水质量基本状况的指标,包括感官性状及一般化学指标、微生物指标、常见毒理学指标和放射性指标。

2.3 非常规指标

在常规指标上的拓展,根据地区和时间差异或特殊情况确定的地下水质量指标,反映地下水中所产生的主要质量问题,包括比较少见的无机和有机毒理学指标。

2.4 人体健康风险

地下水中各种组分对人体健康产生危害的概率。

3 地下水质量分类及指标

3.1 地下水质量分类

依据我国地下水质量状况和人体健康风险,参照生活饮用水、工业、农业等用水质量要求,依据各组分含量高低(pH值除外),分为五类。

Ⅰ类:地下水化学组分含量低,适用于各种用途;

Ⅱ类:地下水化学组分含量较低,适用于各种用途;

Ⅲ类:地下水化学组分含量中等,以 GB 5749—2006 为依据,主要适用于集中式生活饮用水水源及工农业用水;

Ⅳ类:地下水化学组分含量较高,以农业和工业用水质量要求以及一定水平的人体健康风险为依据,适用于农业和部分工业用水,适当处理后可作生活饮用水;

Ⅴ类:地下水化学组分含量高,不宜作为生活饮用水水源,其他用水可根据使用目的选用。

3.2 地下水质量分类指标

地下水质量指标分为常规指标和非常规指标,其分类及限值分别见表1和表2。

4 地下水质量调查与监测

4.1 下水质量应定期监测。潜水监测频率应不少于每年两次(丰水期和枯水期各1次),承压水监测频率可以根据质量变化情况确定,宜每年1次。

表 1 地下水质量常规指标及限值

序号	指标	Ⅰ类	Ⅱ类	Ⅲ类	Ⅳ类	Ⅴ类
感官性状及一般化学指标						
1	色（铂钴色度单位）	≤5	≤5	≤15	≤25	>25
2	嗅和味	无	无	无	无	有
3	浑浊度/NTU[a]	≤3	≤3	≤3	≤10	>10
4	肉眼可见物	无	无	无	无	有
5	pH值	6.5≤pH≤8.5			5.5≤pH<6.5 8.5<pH≤9.0	pH<5.5 或 pH>9.0
6	总硬度（以 $CaCO_3$ 计）/(mg/L)	≤150	≤300	≤450	≤650	>650
7	溶解性总固体/(mg/L)	≤300	≤500	≤1000	≤2000	>2000
8	硫酸盐/(mg/L)	≤50	≤150	≤250	≤350	>350
9	氯化物/(mg/L)	≤50	≤150	≤250	≤350	>350
10	铁/(mg/L)	≤0.1	≤0.2	≤0.3	≤2.0	>2.0
11	锰/(mg/L)	≤0.05	≤0.05	≤0.10	≤1.50	>1.50
12	铜/(mg/L)	≤0.01	≤0.05	≤1.00	≤1.50	>1.50
13	锌/(mg/L)	≤0.05	≤0.5	≤1.00	≤5.00	>5.00
14	铝/(mg/L)	≤0.01	≤0.05	≤0.20	≤0.50	>0.50
15	挥发性酚类（以苯酚计）/(mg/L)	≤0.001	≤0.001	≤0.002	≤0.01	>0.01
16	阴离子表面活性剂/(mg/L)	不得检出	≤0.1	≤0.3	≤0.3	>0.3
17	耗氧量（COD_{Mn}法，以 O_2 计）/(mg/L)	≤1.0	≤2.0	≤3.0	≤10.0	>10.0
18	氨氮（以 N 计）/(mg/L)	≤0.02	≤0.10	≤0.50	≤1.50	>1.50
19	硫化物/(mg/L)	≤0.005	≤0.01	≤0.02	≤0.10	>0.10
20	钠/(mg/L)	≤100	≤150	≤200	≤400	>400
微生物指标						
21	总大肠菌群/(MPN[b]/100mL 或 CFU[c]/100mL)	≤3.0	≤3.0	≤3.0	≤100	>100
22	菌落总数/(CFU/mL)	≤100	≤100	≤100	≤1000	>1000
毒理学指标						
23	亚硝酸盐（以 N 计）/(mg/L)	≤0.01	≤0.10	≤1.00	≤4.80	>4.80
24	硝酸盐（以 N 计）/(mg/L)	≤2.0	≤5.0	≤20.0	≤30.0	>30.0
25	氰化物/(mg/L)	≤0.001	≤0.01	≤0.05	≤0.1	>0.1
26	氟化物/(mg/L)	≤1.0	≤1.0	≤1.0	≤2.0	>2.0
27	碘化物/(mg/L)	≤0.04	≤0.04	≤0.08	≤0.50	>0.50
28	汞/(mg/L)	≤0.0001	≤0.0001	≤0.001	≤0.002	>0.002
29	砷/(mg/L)	≤0.001	≤0.001	≤0.01	≤0.05	>0.05
30	硒/(mg/L)	≤0.01	≤0.01	≤0.01	≤0.1	>0.1

续表

序号	指标	Ⅰ类	Ⅱ类	Ⅲ类	Ⅳ类	Ⅴ类
31	镉/(mg/L)	≤0.0001	≤0.001	≤0.005	≤0.01	>0.01
32	铬（六价）/(mg/L)	≤0.005	≤0.01	≤0.05	≤0.10	>0.10
33	铅/(mg/L)	≤0.005	≤0.005	≤0.01	≤0.10	>0.10
34	三氯甲烷/(μg/L)	≤0.5	≤6	≤60	≤300	>300
35	四氯化碳/(μg/L)	≤0.5	≤0.5	≤2.0	≤50.0	>50.0
36	苯/(μg/L)	≤0.5	≤1.0	≤10.0	≤120	>120
37	甲苯/(μg/L)	≤0.5	≤140	≤700	≤1400	>1400
放射性指标[d]						
38	总α放射性/(Bq/L)	≤0.1	≤0.1	≤0.5	>0.5	>0.5
39	总β放射性/(Bq/L)	≤0.1	≤1.0	≤1.0	>1.0	>1.0

a NTU 为散射浊度单位。
b MPN 表示最可能数。
c CFU 表示菌落形成单位。
d 放射性指标超过指导值，应进行核素分析和评价。

表2　　　　　　　　地下水质量非常规指标及限值

序号	指标	Ⅰ类	Ⅱ类	Ⅲ类	Ⅳ类	Ⅴ类
毒理学指标						
1	铍/(mg/L)	≤0.0001	≤0.0001	≤0.002	≤0.06	>0.06
2	硼/(mg/L)	≤0.02	≤0.10	≤0.50	≤2.00	>2.00
3	锑/(mg/L)	≤0.0001	≤0.0005	≤0.005	≤0.01	>0.01
4	钡/(mg/L)	≤0.01	≤0.10	≤0.70	≤4.00	>4.00
5	镍/(mg/L)	≤0.002	≤0.002	≤0.02	≤0.10	>0.10
6	钴/(mg/L)	≤0.005	≤0.005	≤0.05	≤0.10	>0.10
7	钼/(mg/L)	≤0.001	≤0.01	≤0.07	≤0.15	>0.15
8	银/(mg/L)	≤0.001	≤0.01	≤0.05	≤0.10	>0.10
9	铊/(mg/L)	≤0.0001	≤0.0001	≤0.0001	≤0.001	>0.001
10	二氯甲烷/(μg/L)	≤1	≤2	≤20	≤500	>500
11	1,2-二氯乙烷/(μg/L)	≤0.5	≤3.0	≤30.0	≤40.0	>40.0
12	1,1,1-三氯乙烷/(μg/L)	≤0.5	≤400	≤2000	≤4000	>4000
13	1,1,2-三氯乙烷/(μg/L)	≤0.5	≤0.5	≤5.0	≤60.0	>60.0
14	1,2-二氯丙烷/(μg/L)	≤0.5	≤0.5	≤5.0	≤60.0	>60.0
15	三溴甲烷/(μg/L)	≤0.5	≤10.0	≤100	≤800	>800
16	氯乙烯/(μg/L)	≤0.5	≤0.5	≤5.0	≤90.0	>90.0
17	1,1-二氯乙烯/(μg/L)	≤0.5	≤3.0	≤30.0	≤60.0	>60.0
18	1,2-二氯乙烯/(μg/L)	≤0.5	≤5.0	≤50.0	≤60.0	>60.0
19	三氯乙烯/(μg/L)	≤0.5	≤7.0	≤70.0	≤210	>210
20	四氯乙烯/(μg/L)	≤0.5	≤4.0	≤40.0	≤300	>300

续表

序号	指标	Ⅰ类	Ⅱ类	Ⅲ类	Ⅳ类	Ⅴ类
21	氯苯/(μg/L)	≤0.5	≤60.0	≤300	≤600	>600
22	邻二氯苯/(μg/L)	≤0.5	≤200	≤1000	≤2000	>2000
23	对二氯苯/(μg/L)	≤0.5	≤30.0	≤300	≤600	>600
24	三氯苯（总量）/(μg/L)a	≤0.5	≤4.0	≤20.0	≤180	>180
25	乙苯/(μg/L)	≤0.5	≤30.0	≤300	≤600	>600
26	二甲苯（总量）/(μg/L)b	≤0.5	≤100	≤500	≤1000	>1000
27	苯乙烯/(μg/L)	≤0.5	≤2.0	≤20.0	≤40.0	>40.0
28	2,4-二硝基甲苯/(μg/L)	≤0.1	≤0.5	≤5.0	≤60.0	>60.0
29	2,6-二硝基甲苯/(μg/L)	≤0.1	≤0.5	≤5.0	≤30.0	>30.0
30	萘/(μg/L)	≤1	≤10	≤100	≤600	>600
31	蒽/(μg/L)	≤1	≤360	≤1800	≤3600	>3600
32	荧蒽/(μg/L)	≤1	≤50	≤240	≤480	>480
33	苯并（b）荧蒽/(μg/L)	≤0.1	≤0.4	≤4.0	≤8.0	>8.0
34	苯并（a）芘/(μg/L)	≤0.002	≤0.002	≤0.01	≤0.50	>0.50
35	多氯联苯（总量）/(μg/L)c	≤0.05	≤0.05	≤0.50	≤10.0	>10.0
36	邻苯二甲酸二（2-乙基己基）酯/(μg/L)	≤3	≤3	≤8.0	≤300	>300
37	2,4,6-三氯酚/(μg/L)	≤0.05	≤20.0	≤200	≤300	>300
38	五氯酚/(μg/L)	≤0.05	≤0.90	≤9.0	≤18.0	>18.0
39	六六六（总量）/(μg/L)d	≤0.01	≤0.50	≤5.00	≤300	>300
40	γ-六六六（林丹）/(μg/L)	≤0.01	≤0.20	≤2.00	≤150	>150
41	滴滴涕（总量）/(μg/L)e	≤0.01	≤0.10	≤1.00	≤2.00	>2.00
42	六氯苯/(μg/L)	≤0.01	≤0.10	≤1.00	≤2.00	>2.00
43	七氯/(μg/L)	≤0.01	≤0.04	≤0.40	≤0.80	>0.80
44	2,4-滴/(μg/L)	≤0.1	≤6.0	≤30.0	≤150	>150
45	克百威/(μg/L)	≤0.05	≤1.40	≤7.00	≤14.0	>14.0
46	涕灭威/(μg/L)	≤0.05	≤0.60	≤3.00	≤30.0	>30.0
47	敌敌畏/(μg/L)	≤0.05	≤0.10	≤1.00	≤2.00	>2.00
48	甲基对硫磷/(μg/L)	≤0.05	≤4.00	≤20.0	≤40.0	>40.0
49	马拉硫磷/(μg/L)	≤0.05	≤25.0	≤250	≤500	>500
50	乐果/(μg/L)	≤0.05	≤16.0	≤80.0	≤160	>160
51	毒死蜱/(μg/L)	≤0.05	≤6.00	≤30.0	≤60.0	>60.0
52	百菌清/(μg/L)	≤0.05	≤1.00	≤10.0	≤150	>150
53	莠去津/(μg/L)	≤0.05	≤0.40	≤2.00	≤600	>600
54	草甘膦/(μg/L)	≤0.1	≤140	≤700	≤1400	>1400

a 三氯苯（总量）为1,2,3-三氯苯、1,2,4-三氯苯、1,3,5-三氯苯3种异构体加和。
b 二甲苯（总量）为邻二甲苯、间二甲苯、对二甲苯3种异构体加和。
c 多氯联苯（总量）为PCB28、PCB52、PCB101、PCB118、PCB138、PCB153、PCB180、PCB194、PCB206 9种多氯联苯单体加和。
d 六六六（总量）为a-六六六、β-六六六、γ-六六六、δ-六六六4种异构体加和。
e 滴滴涕（总量）为o,p'-滴滴涕、p,p'-滴滴伊、p,p'-滴滴滴、p,p'-滴滴涕4种异构体加和。

4.2 依据地下水质量的动态变化，应定期开展区域性地下水质量调查评价。

4.3 地下水质量调查与监测指标以常规指标为主，为便于水化学分析结果的审核，应补充钾、钙、镁、重碳酸根、碳酸根、游离二氧化碳指标；不同地区可在常规指标的基础上，根据当地实际情况补充选定非常规指标进行调查与监测。

4.4 地下水样品的采集参照相关标准执行，地下水样品的保存和送检按本标准的附录 A 执行。

4.5 地下水质量检测方法的选择参见本标准的附录 B，使用前应按照 GB/T 27025—2008 中 5.4 的要求，进行有效确认和验证。

5 地下水质量评价

5.1 地下水质量评价应以地下水质量检测资料为基础。

5.2 地下水质量单指标评价，按指标值所在的限值范围确定地下水质量类别，指标限值相同时，从优不从劣。

5.3 地下水质量综合评价，按单指标评价结果最差的类别确定，并指出最差类别的指标。

附录四 《污水综合排放标准》
（GB 8978—1996）（节选）

为贯彻《中华人民共和国环境保护法》、《中华人民共和国水污染防治法》和《中华人民共和国海洋环境保护法》，控制水污染，保护江河、湖泊、运河、渠道、水库和海洋等地面水以及地下水水质的良好状态，保障人体健康，维护生态平衡，促进国民经济和城乡建设的发展，特制定本标准。

1 主题内容与适用范围

1.1 主题内容

本标准按照污水排放去向，分年限规定了69种水污染物最高允许排放浓度及部分行业最高允许排水量。

1.2 适用范围

本标准适用于现有单位水污染物的排放管理，以及建设项目的环境影响评价、建设项目环境保护设施设计、竣工验收及其投产后的排放管理。

按照国家综合排放标准与国家行业排放标准不交叉执行的原则，造纸工业执行GB 3544—92《造纸工业水污染物排放标准》，船舶执行GB 3552—83《船舶污染物排放标准》，船舶工业执行GB 4286—84《船舶工业污染物排放标准》，海洋石油开发工业执行GB 4914—85《海洋石油开发工业含油污水排放标准》，纺织染整工业执行GB 4287—92《纺织染整工业水污染物排放标准》，肉类加工工业执行GB 13457—92《肉类加工工业水污染物排放标准》，合成氨工业执行GB 13458—92《合成氨工业水污染物排放标准》，钢铁工业执行GB 13456—92《钢铁工业水污染物排放标准》，航天推进剂使用执行GB 14374—93《航天推进剂水污染物排放标准》，兵器工业执行GB 14470.1～14470.3—93和GB 4274～4279—84《兵器工业水污染物排放标准》，磷肥工业执行GB 15580—95《磷肥工业水污染物排放标准》，烧碱、聚氯乙烯工业执行GB 15581—95《烧碱、聚氯乙烯工业水污染物排放标准》，其他水污染物排放均执行本标准。

1.3
本标准颁布后，新增加国家行业水污染物排放标准的行业，按其适用范围执行相应的国家水污染物行业标准，不再执行本标准。

2 定义

2.1 污水

指在生产与生活活动中排放的水的总称。

2.2 排水量

指在生产过程中直接用于工艺生产的水的排放量。不包括间接冷却水、厂区锅炉、电站排水。

2.3 一切排污单位

指本标准适用范围所包括的一切排污单位。

2.4 其他排污单位

指在某一控制项目中，除所列行业外的一切排污单位。

3 技术内容

3.1 标准分级

3.1.1 排入 GB 3838 Ⅲ类水域（划定的保护区和游泳区除外）和排入 GB 3097 中二类海域的污水，执行一级标准。

3.1.2 排入 GB 3838 中Ⅳ、Ⅴ类水域和排入 GB 3097 中三类海域的污水，执行二级标准。

3.1.3 排入设置二级污水处理厂的城镇排水系统的污水，执行三级标准。

3.1.4 排入未设置二级污水处理厂的城镇排水系统的污水，必须根据排水系统出水受纳水域的功能要求，分别执行 3.1.1 和 3.1.2 的规定。

3.1.5 GB 3838 中Ⅰ、Ⅱ类水域和Ⅲ类水域中划定的保护区，GB 3097 中一类海域，禁止新建排污口，现有排污口应按水体功能要求，实行污染物总量控制，以保证受纳水体水质符合规定用途的水质标准。

3.2 标准值

3.2.1 本标准将排放的污染物按其性质及控制方式分为二类。

3.2.1.1 第一类污染物：不分行业和污水排放方式，也不分受纳水体的功能类别，一律在车间或车间处理设施排放口采样，其最高允许排放浓度必须达到本标准要求（采矿行业的尾矿坝出水口不得视为车间排放口）。

3.2.1.2 第二类污染物：在排污单位排放口采样，其最高允许排放浓度必须达到本标准要求。

3.2.2 本标准按年限规定了第一类污染物和第二类污染物最高允许排放浓度及部分行业最高允许排水量，分别为：

3.2.2.1 1997 年 12 月 31 日之前建设（包括改、扩建）的单位，水污染物的排放必须同时执行表 1、表 2、表 3 的规定。

3.2.2.2 1998 年 1 月 1 日起建设（包括改、扩建）的单位，水污染物的排放必须同时执行表 1、表 4、表 5 的规定。

表 1　　　　　　　　　第一类污染物最高允许排放浓度　　　　　　　　　mg/L

序号	污 染 物	最高允许排放浓度
1	总汞	0.05
2	烷基汞	不得检出
3	总镉	0.1
4	总铬	1.5
5	六价铬	0.5
6	总砷	0.5
7	总铅	1.0
8	总镍	1.0

续表

序号	污染物	最高允许排放浓度
9	苯并（a）芘	0.00003
10	总铍	0.005
11	总银	0.5
12	总α放射性	1Bq/L
13	总β放射性	10Bq/L

表2　　　　　　　　　第二类污染物最高允许排放浓度

（1997年12月31日之前建设的单位）　　　　　　　　mg/L

序号	污染物	适用范围	一级标准	二级标准	三级标准
1	pH值	一切排污单位	6～9	6～9	6～9
2	色度（稀释倍数）	染料工业	50	180	—
		其他排污单位	50	80	—
3	悬浮物（SS）	采矿、选矿、选煤工业	100	300	—
		脉金选矿	100	500	—
		边远地区砂金选矿	100	800	—
		城镇二级污水处理厂	20	30	—
		其他排污单位	70	200	400
4	五日生化需氧量（BOD_5）	甘蔗制糖、苎麻脱胶、湿法纤维板工业	30	100	600
		甜菜制糖、酒精、味精、皮革、化纤浆粕工业	30	150	600
		城镇二级污水处理厂	20	30	
		其他排污单位	30	60	300
5	化学需氧量（COD）	甜菜制糖、焦化、合成脂肪酸、湿法纤维板、染料、洗毛、有机磷农药工业	100	200	1000
		味精、酒精、医药原料药、生物制药、苎麻脱胶、皮革、化纤浆粕工业	100	300	1000
		石油化工工业（包括石油炼制）	100	150	500
		城镇二级污水处理厂	60	120	—
		其他排污单位	100	150	500
6	石油类	一切排污单位	10	10	30
7	动植物油	一切排污单位	20	20	100

《污水综合排放标准》(GB 8978—1996)(节选)

续表

序号	污染物	适用范围	一级标准	二级标准	三级标准
8	挥发酚	一切排污单位	0.5	0.5	2.0
9	总氰化合物	电影洗片(铁氰化合物)	0.5	5.0	5.0
		其他排污单位	0.5	0.5	1.0
10	硫化物	一切排污单位	1.0	1.0	2.0
11	氨氮	医药原料药、染料、石油化工工业	15	50	
		其他排污单位	15	25	—
12	氟化物	黄磷工业	10	20	20
		低氟地区(水体含氟量<0.5mg/L)	10	20	30
		其他排污单位	10	10	20
13	磷酸盐(以P计)	一切排污单位	0.5	1.0	—
14	甲醛	一切排污单位	1.0	2.0	5.0
15	苯胺类	一切排污单位	1.0	2.0	5.0
16	硝基苯类	一切排污单位	2.0	3.0	5.0
17	阴离子表面活性剂(LAS)	合成洗涤剂工业	5.0	15	20
		其他排污单位	5.0	10	20
18	总铜	一切排污单位	0.5	1.0	2.0
19	总锌	一切排污单位	2.0	5.0	5.0
20	总锰	合成脂肪酸工业	2.0	5.0	5.0
		其他排污单位	2.0	2.0	5.0
21	彩色显影剂	电影洗片	2.0	3.0	5.0
22	显影剂及氧化物总量	电影洗片	3.0	6.0	6.0
23	元素磷	一切排污单位	0.1	0.3	0.3
24	有机磷农药(以P计)	一切排污单位	不得检出	0.5	0.5
25	粪大肠菌群数	医院*、兽医院及医疗机构含病原体污水	500个/L	1000个/L	5000个/L
		传染病、结核病医院污水	100个/L	500个/L	1000个/L
26	总余氯(采用氯化消毒的医院污水)	医院*、兽医院及医疗机构含病原体污水	<0.5**	≥3(接触时间≥1h)	>2(接触时间≥1h)
		传染病、结核病医院污水	<0.5**	≥6.5(接触时间≥1.5h)	>5(接触时间≥1.5h)

* 指50个床位以上的医院。
** 加氯消毒后须进行脱氯处理,达到本标准。

表 3　　部分行业最高允许排水量

（1997 年 12 月 31 日之前建设的单位）

序号	行业类别			最高允许排水量或最低允许水重复利用率	
1	矿山工业	有色金属系统选矿		水重复利用率75%	
		其他矿山工业采矿、选矿、选煤等		水重复利用率90%（选煤）	
		脉金选矿	重选	16.0 m^3/t（矿石）	
			浮选	9.0 m^3/t（矿石）	
			氰化	8.0 m^3/t（矿石）	
			碳浆	8.0 m^3/t（矿石）	
2	焦化企业（煤气厂）			1.2 m^3/t（焦炭）	
3	有色金属冶炼及金属加工			水重复利用率80%	
4	石油炼制工业（不包括直排水炼油厂）加工深度分类： A. 燃料型炼油厂 B. 燃料+润滑油型炼油厂 C. 燃料+润滑油型+炼油化工型炼油厂（包括加工高含硫原油页岩油和石油添加剂生产基地的炼油厂）		A	>500万 t，1.0 m^3/t（原油） 250万～500万 t，1.2 m^3/t（原油） <250万 t，1.5 m^3/t（原油）	
			B	>500万 t，1.5 m^3/t（原油） 250万～500万 t，2.0 m^3/t（原油） <250万 t，2.0 m^3/t（原油）	
			C	>500万 t，2.0 m^3/t（原油） 250万～500万 t，2.5 m^3/t（原油） <250万 t，2.5 m^3/t（原油）	
5	合成洗涤业	氯化法生产烷基苯		200.0 m^3/t（烷基苯）	
		裂解法生产烷基苯		70.0 m^3/t（烷基苯）	
		烷基苯生产合成洗涤剂		10.0 m^3/t（产品）	
6	合成脂肪酸工业			200.0 m^3/t（产品）	
7	湿法生产纤维板工业			30.0 m^3/t（板）	
8	制糖工业	甘蔗制糖		10.0 m^3/t（甘蔗）	
		甜菜制糖		4.0 m^3/t（甜菜）	
9	皮革工业	猪盐湿皮		60.0 m^3/t（原皮）	
		牛干皮		100.0 m^3/t（原皮）	
		羊干皮		150.0 m^3/t（原皮）	
10	发酵、酿造工业	酒精工业	以玉米为原料	100.0 m^3/t（酒精）	
			以薯类为原料	80.0 m^3/t（酒精）	
			以糖蜜为原料	70.0 m^3/t（酒精）	
		味精工业		600.0 m^3/t（味精）	
		啤酒工业（排水量不包括麦芽水部分）		16.0 m^3/t（啤酒）	
11	铬盐工业			5.0 m^3/t（产品）	

《污水综合排放标准》(GB 8978—1996)(节选)

续表

序号	行业类别		最高允许排水量或最低允许水重复利用率
12	硫酸工业(水洗法)		15.0m³/t(硫酸)
13	苎麻脱胶工业		500m³/t(原麻)或750m³/t(精干麻)
14	化纤浆粕		本色:150m³/t(浆) 漂白:240m³/t(浆)
15	粘胶纤维工业(单纯纤维)	短纤维(棉型中长纤维、毛型中长纤维)	300m³/t(纤维)
		长纤维	800m³/t(纤维)
16	铁路货车洗刷		5.0m³/辆
17	电影洗片		5m³/1000m(35mm 的胶片)
18	石油沥青工业		冷却池的水循环利用率95%

表4　　第二类污染物最高允许排放浓度

(1998年1月1日后建设的单位)　　　　　　　　　　mg/L

序号	污染物	适用范围	一级标准	二级标准	三级标准
1	pH值	一切排污单位	6~9	6~9	6~9
2	色度(稀释倍数)	一切排污单位	50	80	—
3	悬浮物(SS)	采矿、选矿、选煤工业	70	300	—
		脉金选矿	70	400	—
		边远地区砂金选矿	70	800	—
		城镇二级污水处理厂	20	30	—
		其他排污单位	70	150	400
4	五日生化需氧量(BOD_5)	甘蔗制糖、苎麻脱胶、湿法纤维板、染料、洗毛工业	20	60	600
		甜菜制糖、酒精、味精、皮革、化纤浆粕工业	20	100	600
		城镇二级污水处理厂	20	30	—
		其他排污单位	20	30	300
5	化学需氧量(COD)	甜菜制糖、合成脂肪酸、湿法纤维板、染料、洗毛、有机磷农药工业	100	200	1000
		味精、酒精、医药原料药、生物制药、苎麻脱胶、皮革、化纤浆粕工业	100	300	1000
		石油化工工业(包括石油炼制)	60	120	500
		城镇二级污水处理厂	60	120	—
		其他排污单位	100	150	500

续表

序号	污染物	适用范围	一级标准	二级标准	三级标准
6	石油类	一切排污单位	5	10	20
7	动植物油	一切排污单位	10	15	100
8	挥发酚	一切排污单位	0.5	0.5	2.0
9	总氰化合物	一切排污单位	0.5	0.5	1.0
10	硫化物	一切排污单位	1.0	1.0	1.0
11	氨氮	医药原料药、染料、石油化工工业	15	50	—
		其他排污单位	15	25	—
12	氟化物	黄磷工业	10	15	20
		低氟地区（水体含氟量<0.5mg/L）	10	20	30
		其他排污单位	10	10	20
13	磷酸盐（以P计）	一切排污单位	0.5	1.0	—
14	甲醛	一切排污单位	1.0	2.0	5.0
15	苯胺类	一切排污单位	1.0	2.0	5.0
16	硝基苯类	一切排污单位	2.0	3.0	5.0
17	阴离子表面活性剂（LAS）	一切排污单位	5.0	10	20
18	总铜	一切排污单位	0.5	1.0	2.0
19	总锌	一切排污单位	2.0	5.0	5.0
20	总锰	合成脂肪酸工业	2.0	5.0	5.0
		其他排污单位	2.0	2.0	5.0
21	彩色显影剂	电影洗片	1.0	2.0	3.0
22	显影剂及氧化物总量	电影洗片	3.0	3.0	6.0
23	元素磷	一切排污单位	0.1	0.1	0.3
24	有机磷农药（以P计）	一切排污单位	不得检出	0.5	0.5
25	乐果	一切排污单位	不得检出	1.0	2.0
26	对硫磷	一切排污单位	不得检出	1.0	2.0
27	甲基对硫磷	一切排污单位	不得检出	1.0	2.0
28	马拉硫磷	一切排污单位	不得检出	5.0	10
29	五氯酚及五氯酚钠（以五氯酚计）	一切排污单位	5.0	8.0	10
30	可吸附有机卤化物（AOX）（以Cl计）	一切排污单位	1.0	5.0	8.0
31	三氯甲烷	一切排污单位	0.3	0.6	1.0
32	四氯化碳	一切排污单位	0.03	0.06	0.5

续表

序号	污染物	适用范围	一级标准	二级标准	三级标准
33	三氯乙烯	一切排污单位	0.3	0.6	1.0
34	四氯乙烯	一切排污单位	0.1	0.2	0.5
35	苯	一切排污单位	0.1	0.2	0.5
36	甲苯	一切排污单位	0.1	0.2	0.5
37	乙苯	一切排污单位	0.4	0.6	1.0
38	邻-二甲苯	一切排污单位	0.4	0.6	1.0
39	对-二甲苯	一切排污单位	0.4	0.6	1.0
40	间-二甲苯	一切排污单位	0.4	0.6	1.0
41	氯苯	一切排污单位	0.2	0.4	1.0
42	邻-二氯苯	一切排污单位	0.4	0.6	1.0
43	对-二氯苯	一切排污单位	0.4	0.6	1.0
44	对-硝基氯苯	一切排污单位	0.5	1.0	5.0
45	2,4-二硝基氯苯	一切排污单位	0.5	1.0	5.0
46	苯酚	一切排污单位	0.3	0.4	1.0
47	间-甲酚	一切排污单位	0.1	0.2	0.5
48	2,4-二氯酚	一切排污单位	0.6	0.8	1.0
49	2,4,6-三氯酚	一切排污单位	0.6	0.8	1.0
50	邻苯二甲酸二丁酯	一切排污单位	0.2	0.4	2.0
51	邻苯二甲酸二辛酯	一切排污单位	0.3	0.6	2.0
52	丙烯腈	一切排污单位	2.0	5.0	5.0
53	总硒	一切排污单位	0.1	0.2	0.5
54	粪大肠菌群数	医院*、兽医院及医疗机构含病原体污水	500个/L	1000个/L	5000个/L
		传染病、结核病医院污水	100个/L	500个/L	1000个/L
55	总余氯（采用氯化消毒的医院污水）	医院*、兽医院及医疗机构含病原体污水	<0.5**	≥3（接触时间≥1h）	>2（接触时间≥1h）
		传染病、结核病医院污水	<0.5**	>6.5（接触时间≥1.5h）	>5（接触时间≥1.5h）
56	总有机碳（TOC）	合成脂肪酸工业	20	40	—
		苎麻脱胶工业	20	60	—
		其他排污单位	20	30	—

注 其他排污单位：指除在该控制项目中所列行业以外的一切排污单位。
* 指50个床位以上的医院。
** 加氯消毒后须进行脱氯处理，达到本标准。

表 5　　部分行业最高允许排水量

（1998 年 1 月 1 日后建设的单位）

序号	行业类别			最高允许排水量或 最低允许水重复利用率
1	矿山工业	有色金属系统选矿		水重复利用率 75%
		其他矿山工业采矿、选矿、选煤等		水重复利用率 90%（选煤）
		脉金选矿	重选	16.0 m^3/t（矿石）
			浮选	9.0 m^3/t（矿石）
			氰化	8.0 m^3/t（矿石）
			碳浆	8.0 m^3/t（矿石）
2	焦化企业（煤气厂）			1.2 m^3/t（焦炭）
3	有色金属冶炼及金属加工			水重复利用率 80%
4	石油炼制工业（不包括直排水炼油厂） 加工深度分类： A. 燃料型炼油厂 B. 燃料＋润滑油型炼油厂 C. 燃料＋润滑油型＋炼油化工型炼油厂 （包括加工高含硫原油页岩油和石油添加剂生产基地的炼油厂）	A		＞500 万 t，1.0 m^3/t（原油）
				250 万～500 万 t，1.2 m^3/t（原油）
				＜250 万 t，1.5 m^3/t（原油）
		B		＞500 万 t，1.5 m^3/t（原油）
				250 万～500 万 t，2.0 m^3/t（原油）
				＜250 万 t，2.0 m^3/t（原油）
		C		＞500 万 t，2.0 m^3/t（原油）
				250 万～500 万 t，2.5 m^3/t（原油）
				＜250 万 t，2.5 m^3/t（原油）
5	合成洗涤业	氯化法生产烷基苯		200.0 m^3/t（烷基苯）
		裂解法生产烷基苯		70.0 m^3/t（烷基苯）
		烷基苯生产合成洗涤剂		10.0 m^3/t（产品）
6	合成脂肪酸工业			200.0 m^3/t（产品）
7	湿法生产纤维板工业			30.0 m^3/t（板）
8	制糖工业	甘蔗制糖		10.0 m^3/t（甘蔗）
		甜菜制糖		4.0 m^3/t（甜菜）
9	皮革工业	猪盐湿皮		60.0 m^3/t（原皮）
		牛干皮		100.0 m^3/t（原皮）
		羊干皮		150.0 m^3/t（原皮）
10	发酵、酿造工业	酒精工业	以玉米为原料	100.0 m^3/t（酒精）
			以薯类为原料	80.0 m^3/t（酒精）
			以糖蜜为原料	70.0 m^3/t（酒精）
		味精工业		600.0 m^3/t（味精）
		啤酒工业（排水量不包括麦芽水部分）		16.0 m^3/t（啤酒）
11	铬盐工业			5.0 m^3/t（产品）

续表

序号	行业类别		最高允许排水量或最低允许水重复利用率
12	硫酸工业（水洗法）		15.0m³/t（硫酸）
13	苎麻脱胶工业		500m³/t（原麻）
			750m³/t（精干麻）
14	粘胶纤维工业单纯纤维	短纤维（棉型中长纤维、毛型中长纤维）	300m³/t（纤维）
		长纤维	800m³/t（纤维）
15	化纤浆粕		本色：150m³/t（浆）；漂白：240m³/t（浆）
16	制药工业医药原料药	青霉素	4700m³/t（青霉素）
		链霉素	1450m³/t（链霉素）
		土霉素	1300m³/t（土霉素）
		四环素	1900m³/t（四环素）
		洁霉素	9200m³/t（洁霉素）
		金霉素	3000m³/t（金霉素）
		庆大霉素	20400m³/t（庆大霉素）
		维生素C	1200m³/t（维生素C）
		氯霉素	2700m³/t（氯霉素）
		新诺明	2000m³/t（新诺明）
		维生素B_1	3400m³/t（维生素B_1）
		安乃近	180m³/t（安乃近）
		非那西汀	750m³/t（非那西汀）
		呋喃唑酮	2400m³/t（呋喃唑酮）
		咖啡因	1200m³/t（咖啡因）
17	有机磷农药工业*	乐果**	700m³/t（产品）
		甲基对硫磷（水相法）**	300m³/t（产品）
		对硫磷（P_2S_5法）**	500m³/t（产品）
		对硫磷（$PSCl_3$法）**	550m³/t（产品）
		敌敌畏（敌百虫碱解法）	200m³/t（产品）
		敌百虫	40m³/t（产品）（不包括三氯乙醛生产废水）
		马拉硫磷	700m³/t（产品）
18	除草剂工业*	除草醚	5m³/t（产品）
		五氯酚钠	2m³/t（产品）
		五氯酚	4m³/t（产品）
		2甲4氯	14m³/t（产品）
		2,4-D	4m³/t（产品）
		丁草胺	4.5m³/t（产品）

续表

序号	行业类别		最高允许排水量或 最低允许水重复利用率
18	除草剂工业	绿麦隆（以Fe粉还原）	2m³/t（产品）
		绿麦隆（以Na₂S还原）	3m³/t（产品）
19	火力发电工业		3.5m³/(MW·h)
20	铁路货车洗刷		5.0m³/辆
21	电影洗片		5m³/1000m（35mm胶片）
22	石油沥青工业		冷却池的水循环利用率95%

* 产品按100%浓度计。

** 不包括 P_2S_5、$PSCl_3$、PCl_3 原料生产废水。

3.2.2.3 建设（包括改、扩建）单位的建设时间，以环境影响评价报告书（表）批准日期为准划分。

3.3 其他规定

3.3.1 同一排放口排放两种或两种以上不同类别的污水，且每种污水的排放标准又不同时，其混合污水的排放标准按本标准的附录A计算。

3.3.2 工业污水污染物的最高允许排放负荷量按本标准的附录B计算。

3.3.3 污染物最高允许年排放总量按本标准的附录C计算。

3.3.4 对于排放含有放射性物质的污水，除执行本标准外，还须符合GB 8703—88《辐射防护规定》。

4 监测

4.1 采样点

采样点应按3.2.1.1及3.2.1.2第一、二类污染物排放口的规定设置，在排放口必须设置排放口标志、污水水量计量装置和污水比例采样装置。

4.2 采样频率

工业污水按生产周期确定监测频率。生产周期在8h以内的，每2h采样一次；生产周期大于8h的，每4h采样一次。其他污水采样，24h不少于2次。最高允许排放浓度按日均值计算。

4.3 排水量

以最高允许排水量或最低允许水重复利用率来控制，均以月均值计。

4.4 统计

企业的原材料使用量、产品产量等，以法定月报表或年报表为准。

5 标准实施监督

5.1 本标准由县级以上人民政府环境保护行政主管部门负责监督实施。

5.2 省、自治区、直辖市人民政府对执行国家水污染物排放标准不能保证达到水环境功能要求时，可以制定严于国家水污染物排放标准的地方水污染物排放标准，并报国家环境保护行政主管部门备案。

附录五 国标原子量表

元素符号	名称	原子量	元素符号	名称	原子量	元素符号	名称	原子量	元素符号	名称	原子量
Ac	锕	227.0	Er	铒	167.3	Mn	锰	54.94	Ru	钌	101.1
Ag	银	107.9	^{252}Es	锿	252.1	Mo	钼	95.94	S	硫	32.07
Al	铝	26.98	Eu	铕	152.0	N	氮	14.01	Sb	锑	121.8
^{243}Am	镅	243.1	F	氟	19.00	Na	钠	22.99	Sc	钪	44.96
Ar	氩	39.95	Fe	铁	55.85	Nb	铌	92.91	Se	硒	78.96±3
As	砷	74.92	^{257}Fm	镄	257.1	Nd	钕	144.2	Si	硅	28.09
^{210}At	砹	210.0	^{223}Fr	钫	223.0	Ne	氖	20.18	Sm	钐	150.4
Au	金	197.0	Ga	镓	69.72	^{59}Ni	镍	58.69	Sn	锡	118.7
B	硼	10.81	Gd	钆	157.3	No	锘	259.1	Sr	锶	87.62
Ba	钡	137.3	Ge	锗	72.61±2	Np	镎	237.0	Ta	钽	180.9
Be	铍	9.012	H	氢	1.008	O	氧	16.00	Tb	铽	158.9
Bi	铋	209.0	He	氦	4.003	Os	锇	190.2	Tc	锝	98.91
^{247}Bk	锫	247.1	Hf	铪	178.5	P	磷	30.97	Te	碲	127.6
Br	溴	79.9	Hg	汞	200.6	^{231}Pa	镤	231.0	Th	钍	232.0
C	碳	12.01	Ho	钬	164.9	Pb	铅	207.2	Ti	钛	47.88±2
Ca	钙	40.08	I	碘	126.9	Pd	钯	106.4	Tl	铊	204.2
Cd	镉	112.4	In	铟	114.8	^{145}Pm	钷	144.9	Tm	铥	168.9
Ce	铈	140.1	Ir	铱	192.2	^{210}Po	钋	210.0	U	铀	238.0
^{252}Cf	锎	252.1	K	钾	39.10	Pr	镨	140.9	V	钒	50.94
Cl	氯	35.45	Kr	氪	83.80	Pt	铂	195.1	W	钨	183.9
^{247}Cm	锔	247.1	La	镧	138.9	^{239}Pu	钚	239.1	Xe	氙	131.1
Co	钴	58.93	Li	锂	6.941±2	Ra	镭	226.0	Y	钇	88.91
Cr	铬	52.00	Lr	铹	260.1	Rb	铷	85.47	Yb	镱	173.0
Cs	铯	132.9	Lu	镥	175.0	Re	铼	186.2	Zn	锌	65.39±2
Cu	铜	63.55	Md	钔	256.1	Rh	铑	102.9	Zr	锆	91.22
Dy	镝	162.5	Mg	镁	24.31	^{222}Rn	氡	222.0			

附录六　常用酸碱溶液的密度和浓度

溶液名称	密度 ρ/(g/cm³)	质量分数/%	物质的量浓度/(mol/L)
浓硫酸	1.84	95～96	18
稀硫酸	1.18	25	3
稀硫酸	1.06	9	1
浓盐酸	1.19	38	12
稀盐酸	1.10	20	6
稀盐酸	1.03	7	2
浓硝酸	1.40	65	14
稀硝酸	1.20	32	6
稀硝酸	1.07	12	2
稀高氯酸	1.12	19	2
浓氢氟酸	1.13	40	23
氢溴酸	1.38	40	7
氢碘酸	1.70	57	7.5
冰醋酸	1.05	99～100	17.5
稀醋酸	1.04	35	6
稀醋酸	1.02	12	2
浓氢氧化钠	1.36	33	11
稀氢氧化钠	1.09	8	2
浓氨水	0.88	35	18
浓氨水	0.91	25	13.5
稀氨水	0.96	11	6
稀氨水	0.99	3.5	2

附录七 《水质 粪大肠菌群的测定 多管发酵法》（HJ 347.2—2018）方法附录（资料性附录）

最大可能数（MPN）表

表 A.1　　12 管法最大可能数（MPN）表

10mL 样品量的阳性管数	100mL 样品量的阳性瓶数		
	0	1	2
	1L 样品中粪大肠菌群数	1L 样品中粪大肠菌群数	1L 样品中粪大肠菌群数
0	<3	4	11
1	3	8	18
2	7	13	27
3	11	18	38
4	14	24	52
5	18	30	70
6	22	36	92
7	27	43	120
8	31	51	161
9	36	60	230
10	40	69	>230

注　接种 2 份 100mL 样品，10 份 10mL 样品，总量 300mL。

表 A.2　　15 管法最大可能数（MPN）表

各接种量阳性份数			MPN/100mL	95％置信限		各接种量阳性份数			MPN/100mL	95％置信限	
10mL	1mL	0.1mL		下限	上限	10mL	1mL	0.1mL		下限	上限
0	0	0	<2			3	0	0	8	1	19
0	0	1	2	<0.5	7	3	0	1	11	2	25
0	0	2	4	<0.5	7	3	0	2	13	3	31
0	0	3	5			3	0	3	16		
0	0	4	7			3	0	4	20		
0	0	5	9			3	0	5	23		
0	1	0	2	<0.5	7	3	1	0	11	2	25
0	1	1	4	<0.5	11	3	1	1	14	4	34
0	1	2	6	<0.5	15	3	1	2	17	5	46
0	1	3	7			3	1	3	20	6	60
0	1	4	9			3	1	4	23		
0	1	5	11			3	1	5	27		

续表

各接种量阳性份数			MPN/100mL	95%置信限		各接种量阳性份数			MPN/100mL	95%置信限	
10mL	1mL	0.1mL		下限	上限	10mL	1mL	0.1mL		下限	上限
0	2	0	4	<0.5	11	3	2	0	14	4	34
0	2	1	6	<0.5	15	3	2	1	17	5	46
0	2	2	7			3	2	2	20	6	60
0	2	3	9			3	2	3	24		
0	2	4	11			3	2	4	27		
0	2	5	13			3	2	5	31		
0	3	0	6	<0.5	15	3	3	0	17	5	46
0	3	1	7			3	3	1	21	7	63
0	3	2	9			3	3	2	24		
0	3	3	11			3	3	3	28		
0	3	4	13			3	3	4	32		
0	3	5	15			3	3	5	36		
0	4	0	8			3	4	0	21	7	63
0	4	1	9			3	4	1	24	8	72
0	4	2	11			3	4	2	28		
0	4	3	13			3	4	3	32		
0	4	4	15			3	4	4	36		
0	4	5	17			3	4	5	40		
0	5	0	9			3	5	0	25	8	75
0	5	1	11			3	5	1	29		
0	5	2	13			3	5	2	32		
0	5	3	15			3	5	3	37		
0	5	4	17			3	5	4	41		
0	5	5	19			3	5	5	45		
1	0	0	2	<0.5	7	4	0	0	13	3	31
1	0	1	4	<0.5	11	4	0	1	17	5	46
1	0	2	6	<0.5	15	4	0	2	21	7	63
1	0	3	8	1	19	4	0	3	25	8	75
1	0	4	10			4	0	4	30		
1	0	5	12			4	0	5	36		
1	1	0	4	<0.5	11	4	1	0	17	5	46
1	1	1	6	<0.5	15	4	1	1	21	7	63
1	1	2	8	1	19	4	1	2	26	9	78
1	1	3	10			4	1	3	31		

续表

各接种量阳性份数			MPN/100mL	95%置信限		各接种量阳性份数			MPN/100mL	95%置信限	
10mL	1mL	0.1mL		下限	上限	10mL	1mL	0.1mL		下限	上限
1	1	4	12			4	1	4	36		
1	1	5	14			4	1	5	42		
1	2	0	6	<0.5	15	4	2	0	22	7	67
1	2	1	8	1	19	4	2	1	26	9	78
1	2	2	10	2	23	4	2	2	32	11	91
1	2	3	12			4	2	3	38		
1	2	4	15			4	2	4	44		
1	2	5	17			4	2	5	50		
1	3	0	8	1	19	4	3	0	27	9	80
1	3	1	10	2	23	4	3	1	33	11	93
1	3	2	12			4	3	2	39	13	110
1	3	3	15			4	3	3	45		
1	3	4	17			4	3	4	52		
1	3	5	19			4	3	5	59		
1	4	0	11	2	25	4	4	0	34	12	93
1	4	1	13			4	4	1	40	14	110
1	4	2	15			4	4	2	47		
1	4	3	17			4	4	3	54		
1	4	4	19			4	4	4	62		
1	4	5	22			4	4	5	69		
1	5	0	13			4	5	0	41	16	120
1	5	1	15			4	5	1	48		
1	5	2	17			4	5	2	56		
1	5	3	19			4	5	3	64		
1	5	4	22			4	5	4	72		
1	5	5	24			4	5	5	81		
2	0	0	5	<0.5	13	5	0	0	23	7	70
2	0	1	7	1	17	5	0	1	31	11	89
2	0	2	9	2	21	5	0	2	43	15	110
2	0	3	12	3	28	5	0	3	58	19	140
2	0	4	14			5	0	4	76	24	180
2	0	5	16			5	0	5	95		
2	1	0	7	1	17	5	1	0	33	11	93
2	1	1	9	2	21	5	1	1	46	16	120

续表

各接种量阳性份数			MPN/100mL	95%置信限		各接种量阳性份数			MPN/100mL	95%置信限	
10mL	1mL	0.1mL		下限	上限	10mL	1mL	0.1mL		下限	上限
2	1	2	12	3	28	5	1	2	63	21	150
2	1	3	14			5	1	3	84	26	200
2	1	4	17			5	1	4	110		
2	1	5	19			5	1	5	130		
2	2	0	9	2	21	5	2	0	49	17	130
2	2	1	12	3	28	5	2	1	70	23	170
2	2	2	14	4	34	5	2	2	94	28	220
2	2	3	17			5	2	3	120	33	280
2	2	4	19			5	2	4	150	38	370
2	2	5	22			5	2	5	180	44	520
2	3	0	12	3	28	5	3	0	79	25	190
2	3	1	14	4	34	5	3	1	110	31	250
2	3	2	17			5	3	2	140	37	340
2	3	3	20			5	3	3	180	44	500
2	3	4	22			5	3	4	210	53	670
2	3	5	25			5	3	5	250	77	790
2	4	0	15	4	37	5	4	0	130	35	300
2	4	1	17			5	4	1	170	43	490
2	4	2	20			5	4	2	220	57	700
2	4	3	23			5	4	3	280	90	850
2	4	4	25			5	4	4	350	120	1000
2	4	5	28			5	4	5	430	150	1200
2	5	0	17			5	5	0	240	68	750
2	5	1	20			5	5	1	350	120	1000
2	5	2	23			5	5	2	540	180	1400
2	5	3	26			5	5	3	920	300	3200
2	5	4	29			5	5	4	1600	640	5800
2	5	5	32			5	5	5	≥2400	800	

注 1. 接种5份10mL样品、5份1mL样品、5份0.1mL样品。
    2. 如果有超过三个的稀释度用于检验，在一系列的十进稀释当中，计算MPN时，只需要用其中依次三个的稀释度，取其阳性组合。选择的标准是：先选出5支试管全部为阳性的最大稀释（小于它的稀释度也全部为阳性试管），然后再加上依次相连的两个更高的稀释。用这三个稀释度的结果数据来计算MPN值。